I. A NAVE AÉREA

Imagine, se puder, um pequeno quarto, hexagonal como a célula de uma colmeia. A iluminação não vem de alguma janela, nem de uma lâmpada e no entanto um brilho suave espalha-se por todo o lugar. Não existem aberturas para ventilação e no entanto o ar é fresco. Não há instrumentos musicais e no entanto, no instante em que se inicia esta minha reflexão, a sala pulsa com sons melodiosos. Uma poltrona ocupa o centro do quarto e com uma mesa de leitura ao lado compõe toda a mobília. E na poltrona encontra-se uma massa de carne enfaixada — uma mulher, pouco mais de metro e meio de altura, rosto lívido como um fungo. É dela esse pequeno quarto.

Uma campainha elétrica ressoou.

A mulher pressionou um interruptor e a música cessou.

"Acho que tenho de ver quem é", ela pensou, resignada, e pôs sua poltrona em movimento. A poltrona, assim como a música, era acionada por um mecanismo e deslizou com a mulher para o outro lado do quarto de onde provinha o som inoportuno da campainha.

"Quem é?", perguntou. Havia um tom de irritação em sua voz, já fora interrompida várias vezes desde que começara a ouvir música. Ela conhecia milhares de pessoas, sob certos aspectos as relações humanas tinham-se desenvolvido enormemente.

Mas quando ouviu a voz no receptor, seu rosto branco enrugou-se num sorriso e ela disse:

"Muito bem, podemos conversar sim, vou me pôr em isolamento. Não creio que nada importante aconteça nos próximos cinco minutos — porque cinco minutos é tudo que lhe posso oferecer, Kuno, depois tenho de dar minha palestra sobre "A música no período australiano".

Ela pressionou o botão de isolamento, ninguém mais poderia comunicar-se com ela. Em seguida, acionou o comando de luz e o pequeno quarto mergulhou na escuridão.

"Rápido!", ela disse, de novo mostrando irritação na voz. "Rápido, Kuno, estou aqui no escuro perdendo meu tempo."

Mas passaram-se bem uns quinze segundos antes que a placa redonda que tinha nas mãos começasse a brilhar. Uma fraca luz azulada apareceu, aos poucos transformando-se num púrpura-escuro, e agora já podia ver a imagem do filho, que vivia no outro lado da Terra, e ele também podia vê-la.

"Kuno, como você é devagar."

Ele sorriu, sério.

"Parece que você gosta mesmo de enrolar."

"Eu a chamei antes, mãe, mas você estava sempre ocupada ou fora de alcance. Preciso lhe contar uma coisa."

"O que é, querido? Fale rápido. Não podia me escrever pelo correio pneumático?"

"Prefiro falar pessoalmente desse tipo de coisa. Quero..."

"O quê?"

"Quero que você venha me ver."

Vashti observou o rosto dele na placa azulada.

"Mas eu posso vê-lo!", ela exclamou. "O que mais você quer?"

"Não quero vê-la através da Máquina", Kuno disse. "Quero conversar com você mas não através desta Máquina irritante."

"Não diga essas coisas!", a mãe falou, um pouco chocada. "Você não deve dizer nada contra a Máquina."

"Por que não?"

"Porque não se deve."

"Você fala como se algum deus tivesse construído a Máquina", o filho elevou a voz.

"Tenho certeza de que você fica rezando para ela quando não está se sentindo bem. Foram os homens que a construíram, não se esqueça. Grandes homens mas homens, apenas. A Máquina é muito importante mas não é tudo. Vejo alguma coisa que se parece com você nesta placa mas não é você que estou vendo. Ouço alguém que soa como você neste telefone mas não é a você que escuto. Por isso quero que venha aqui. Venha me visitar, poderemos nos ver pessoalmente e falar das esperanças que tenho agora."

Ela respondeu que dificilmente teria tempo para uma visita.

"A nave aérea não leva mais de dois dias para voar até aqui."

"Não gosto de naves aéreas."

"Por quê?"

"Detesto ficar vendo essa horrível Terra marrom e o mar e as estrelas à noite. Não consigo ter ideias novas numa nave aérea."

"E eu não tenho ideias em nenhum outro lugar."

"Que tipo de ideia os céus podem lhe dar?"

Ele não disse nada por um tempo.

"Você alguma vez já viu quatro estrelas grandes num formato oblongo, com três outras no centro bem próximas entre si e, penduradas delas, outras três estrelas?"

"Não, não vi. Não gosto de estrelas. Elas lhe sugeriram alguma ideia? Que interessante, me diga qual."

"Pensei que elas se pareciam a um homem."

"Não entendo."

"As quatro estrelas maiores são os ombros e as pernas. As três no meio parecem-se com os cintos que os homens usavam no passado e as três pendentes são como uma espada."

"Uma espada?"

"Os homens portavam espadas, para matar animais e outros homens."

"Essa não me parece uma ideia muito boa mas é sem dúvida original. Quando pensou nisso?"

"Na nave aérea..." Ele parou de falar e ela imaginou que ele devia estar triste. Ela não tinha certeza, a Máquina não transmitia nuances da expressão. Apenas dava uma ideia geral da pessoa — uma ideia boa o bastante para os efeitos práticos, Vashti pensou. Essa virtude imponderável, que uma certa filosofia desacreditada dizia ser a verdadeira essência de uma conversa, era com razão ignorada pela Máquina, assim como a virtude imponderável da uva era ignorada pelos fabricantes de frutas artificiais. O "bom o bastante" há muito tempo havia sido considerado aceitável por nossa raça.

"A verdade", ele continuou, "é que quero ver de novo essas estrelas. São muito curiosas. Quero vê-las, não de uma nave aérea, mas da superfície da Terra, como nossos antepassados, há milhares de anos. Quero visitar a superfície da Terra."

Aquilo a chocou outra vez.

"Você precisa vir, mãe, no mínimo para me explicar por que é errado visitar a superfície da Terra."

"Não é que seja errado", ela respondeu, controlando-se. "Mas não há vantagem alguma nisso. A superfície da Terra é só poeira e lama, sem vida, você iria precisar de um respirador caso contrário o frio da atmosfera exterior acabaria com você. Uma pessoa pode morrer instantaneamente na atmosfera exterior."

"Sei disso, claro que tomarei todo cuidado."

"Além disso..."

"O quê?"

Ela pensou um pouco e escolheu as palavras com cuidado. Seu filho tinha um temperamento estranho e ela queria dissuadi-lo daquela aventura.

"É uma coisa contrária ao espírito do tempo", ela disse em tom firme.

"Você quer dizer... algo contrário à Máquina?"

"Em certo sentido, mas..."

A imagem dele na placa azulada dissolveu-se.

"Kuno!"

Ele havia se isolado.

Por um momento Vashti sentiu-se só.

Depois acendeu a luz e a visão de seu quarto, tomado pelo brilho e adornado com botões elétricos, a fez sentir-se melhor. Havia botões e interruptores por toda parte — botões para pedir comida, música, roupas. Havia um botão para o banho quente, bastava pressioná-lo para que uma banheira de mármore (falso) se erguesse do chão, cheia até a borda com um líquido morno e sem cheiro. Havia o botão do banho frio. Havia o botão que trazia literatura. E, claro, havia os botões com os quais se comunicava com os amigos. Embora o quarto não contivesse mais nada, estava conectado a tudo que lhe era importante no mundo.

O gesto seguinte de Vashti foi desligar o interruptor do isolamento — e todas as mensagens acumuladas nos três minutos anteriores desabaram sobre ela. O quarto fora tomado pelo barulho de campainhas e tubos de comunicação. Como era a nova comida? Poderia recomendá-la? Tivera alguma ideia recentemente? Seria possível contar-lhe as ideias que alguém tivera recentemente? Ela poderia marcar para breve uma visita às creches públicas, digamos neste mês?

Respondeu à maioria das perguntas com irritação, característica cada vez mais comum naqueles tempos acelerados. Ela disse que a nova comida era horrível. Que não poderia visitar as creches públicas com uma agenda assim apertada. Que não tivera nenhuma ideia própria mas que lhe haviam contado uma, sobre umas certas estrelas, quatro, que tinham três outras entre elas e que se pareciam a um homem, ela não acreditava que isso significasse muita coisa. E então desconectou seus interlocutores, já era hora de dar sua palestra sobre a música australiana.

O antigo e canhestro sistema de reuniões públicas presenciais há muito fora abandonado, nem Vashti nem sua audiência afastavam-se mais de seus respectivos quartos. Ela falava sentada em sua poltrona e eles em suas poltronas a ouviam, bem o bastante, e a viam, bem o bastante. Ela começou com um comentário jocoso sobre a música do período pré-mongólico e prosseguiu com uma descrição da grande explosão musical que se seguiu à conquista chinesa. Por mais distantes e primitivos que fossem os métodos das escolas I-San-So e Brisbane, ela era da opinião (e o disse) de que o estudo de ambas era frutífero para os músicos de hoje: aquelas escolas tinham um certo frescor, acima de tudo continham ideias. Sua palestra, que durou dez minutos, foi bem recebida e depois que se encerrou ela e muitos de seus ouvintes acompanharam uma palestra sobre o mar. Havia ideias a tirar do mar, o palestrante obtivera um respirador e o visitava ultimamente. E então ela comeu alguma coisa, conversou com vários amigos, tomou um banho, conversou mais um pouco e mandou vir a cama.

Não gostava daquela cama. Era grande demais, preferia uma cama menor. Inútil reclamar, as camas tinham o mesmo tamanho no mundo todo, produzir um tamanho alternativo exigiria muitas modificações na Máquina. Vashti isolou-se — era necessário, no mundo subterrâneo não havia dia ou noite — e passou em revista tudo que acontecera desde que fora para a cama da última vez. Ideias? Quase nenhuma. Acontecimentos — o convite de Kuno seria um acontecimento?

Ao lado dela, na pequena mesa de leitura, estava um sobrevivente da era do lixo: um livro. Era o Livro da Máquina. Nele havia instruções para resolver todo tipo de problema. Se ela estivesse com calor ou frio ou com dispepsia ou procurando por uma palavra, bastava pegar o livro e ele lhe diria qual botão apertar. Fora publicado pelo Comitê Central. Segundo um hábito cada vez mais comum, era ricamente encadernado.

Sentando-se na cama, segurou-o reverentemente nas mãos. Varreu com os olhos o quarto brilhante como se alguém a estivesse observando. E então, um pouco envergonhada, um pouco alegre, murmurou "Ó Máquina!" e levou o volume aos lábios. Beijou-o três vezes, por três vezes inclinou a cabeça, por três vezes sentiu o delírio da submissão. Concluído o ritual, foi à página 1.367, que a informou dos horários de partida das naves aéreas na ilha do hemisfério sul, abaixo de cujo solo ela vivia, rumo à ilha do hemisfério norte, em cujo interior vivia seu filho.

"Não tenho tempo para isso", ela pensou.

Escureceu o quarto e dormiu; acordou e iluminou o quarto; comeu e trocou ideias com seus amigos, ouviu música e algumas palestras; escureceu o quarto e adormeceu. Acima dela, abaixo dela, em volta dela a Máquina zumbia sem parar; não ouvia aquele ruído, já nascera com ele nos ouvidos. A Terra, levando-a junto, zumbia enquanto se deslocava através do silêncio, ora expondo-a ao sol invisível, ora às invisíveis estrelas. Acordou e iluminou o quarto.

"Kuno!"

"Não vou falar com você", ele respondeu, "até que venha aqui."

"Você esteve na superfície da Terra depois que nos falamos da última vez?"

A imagem dele desapareceu.

Ela consultou o livro novamente. Estava muito nervosa e recostou-se, palpitante, na poltrona. Imagine-a sem dentes e sem cabelo. Depois orientou a poltrona na direção da parede e apertou um botão com o qual não estava familiarizada. A parede se abriu lentamente. Pela abertura ela viu um túnel ligeiramente curvo que não deixava vislumbrar onde terminava. Se fosse ver o filho, a viagem começaria ali.

Claro, ela sabia tudo sobre o sistema de comunicação. Nenhum mistério. Mandaria vir um carro e nele voaria pelo túnel até chegar a um elevador que se comunicava com a estação das naves aéreas: o sistema estava em uso há muitos anos, bem antes da instalação universal da Máquina. E, claro, ela estudara a civilização que precedera a atual — a civilização que se equivocara quanto às funções do sistema e o usara para levar as pessoas até as coisas em vez de levar as coisas até as pessoas. Tempos estranhos aqueles, quando as pessoas mudavam de ares em vez de mudar o ar de seus quartos! Mesmo assim, tinha medo do túnel: não o vira mais desde o nascimento de seu último filho. O túnel fazia uma curva mas não como ela se lembrava; era brilhante mas não tão brilhante quanto sugerira um palestrante. Vashti estava tomada pelo pânico da experiência direta. Recuou de volta para seu quarto e a parede fechou-se outra vez.

"Kuno", ela disse, "não posso ir vê-lo. Não me sinto bem."

De imediato um enorme aparato desceu do teto sobre ela, um termômetro foi automaticamente colocado sobre seu coração. Ficou deitada, inerte. Compressas frias envolviam sua testa. Kuno havia telegrafado para o médico dela.

Aquilo significava que as paixões humanas ainda se agitavam tolamente por todos os lados dentro da Máquina. Vashti tomou o remédio que o doutor colocou em sua boca e o aparelho recolheu-se no interior do teto. Ouviu a voz de Kuno perguntando como se sentia.

"Melhor." Depois, irritada: "Mas, por que não vem você me ver?"

"Porque não posso sair daqui."

"Por quê?"

"Porque a qualquer momento algo terrível pode acontecer."

"Você já esteve na superfície da Terra?"

"Ainda não."

"Então, o que é?"

"Não direi nada pela Máquina."

Ela retomou sua vida normal.

Mas pensou em Kuno quando ele era um bebê, seu nascimento, sua remoção para a creche pública, a visita que lhe fez ali, as visitas que ele lhe fizera — visitas que cessaram quando a Máquina atribuiu-lhe um quarto no outro lado do mundo. "Pais, os deveres dos", rezava o livro da Máquina, "cessam quando a criança nasce. P. 422327483." Era verdade, mas havia algo de especial em Kuno — sempre houvera, de fato, algo de especial em todos os seus filhos — e, afinal, ela tinha de enfrentar aquela viagem se essa era a vontade dele. E "algo terrível pode acontecer", o que significava aquilo? Bobagens de jovens, sem dúvida, mas ela tinha de ir. Apertou outra vez o botão inusual, a parede outra vez se abriu e ela viu o túnel que fazia uma curva que a impedia de vê-lo em sua inteireza. Segurando o Livro, ela se levantou, cambaleou até a plataforma e chamou o carro. O quarto fechou-se atrás dela: sua jornada rumo ao hemisfério norte havia começado.

Era tudo muito fácil, claro. O carro chegou e dentro dele havia poltronas exatamente iguais às dela. Assim que ela fez um sinal, o carro parou e ela cambaleou até o elevador. Havia um outro passageiro no elevador, o primeiro semelhante com quem se encontrava ao vivo em meses. Pouca gente viajava naqueles dias já que, graças à ciência, a Terra era exatamente igual por toda parte. Os relacionamentos inesperados, nos quais a civilização havia depositado tantas esperanças no passado, tinham desaparecido. De que adiantava ir a Pequim quando tudo era igual a Shrewsbury? Por que regressar a Shrewsbury se tudo era exatamente igual a Pequim? As pessoas raramente moviam seus corpos, toda agitação estava confinada à alma.

O serviço de naves aéreas era uma relíquia dos tempos passados. Foi mantido porque era mais fácil fazê-lo do que interrompê-lo ou reduzi-lo, mas o fato é que agora sua oferta excedia em muito a demanda da população. Uma nave atrás da outra saía dos vomitórios de Rye ou Christchurch (emprego os nomes antigos desses lugares[1]), levantavam voo rumo aos céus congestionados e rumavam para as docas do sul — vazias. O sistema funcionava tão bem, tão independente da meteorologia, que o céu, limpo ou nublado, parecia um vasto caleidoscópio no qual os mesmos desenhos se repetiam periodicamente. A nave em que Vashti partiu operava ora ao pôr do sol, ora à aurora. De todo modo, ao passar acima de Rheas a nave iria se aproximar de outras que operavam entre Helsingfors e os Brasis e, uma a cada três, cruzavam os Alpes, a flotilha de Palermo cruzaria a trilha logo atrás. O dia e a noite, ventos e tempestades, mares e terremotos, não mais eram obstáculos para o ser humano, que se transformara em Leviatã. Toda a velha literatura, com seu culto à Natureza e seu medo da Natureza, soava agora tão falsa quanto tagarelice de crianças.

Mesmo assim, quando Vashti viu o imenso costado da nave, manchado pela exposição à atmosfera exterior, sentiu outra vez o horror à experiência direta. Não era como as naves aéreas que via no cinematófoto. Para começar, aquela tinha cheiro — não era um cheiro forte nem desagradável mas tinha cheiro e mesmo com os olhos fechados ela sabia que algo diferente estava ali perto dela. Teve então de caminhar do elevador até a nave e expor-se aos olhares dos outros passageiros. O homem à frente dela deixou cair seu Livro — nada muito relevante mas perturbou os que estavam ao redor. Dentro dos quartos das pessoas, quando o Livro caía o chão erguia-o de novo mecanicamente até seu dono — mas a passarela para a nave não estava equipada para isso e o volume sagrado permaneceu onde caíra. As pessoas detiveram-se — aquilo era algo imprevisto — e o homem, em vez de pegar o que era seu, exercitou seus músculos para entender por que lhe haviam falhado. E então alguém exclamou de modo bem direto: "Vamos nos atrasar", e todos marcharam para dentro da nave e Vashti pisou sobre as páginas do Livro.

[1] Arredores de Londres, ainda hoje assim designados. (N.T.)

No interior da nave, a ansiedade que sentia aumentou. A decoração era antiquada e tosca. Havia até mesmo uma atendente, a quem ela teria de anunciar suas necessidades durante a viagem. Uma plataforma giratória estendia-se, claro, ao longo da nave mas esperava-se que Vashti passasse dali diretamente para sua cabina. Algumas cabinas eram melhores que outras e ela não ficou com a melhor. Pensou que a atendente havia sido injusta e sentiu o corpo tremer num espasmo de raiva. As escotilhas de vidro tinham sido fechadas, ela não podia voltar atrás. No fundo do vestíbulo viu o elevador, no qual tinha subido, deslocar-se, silenciosamente e vazio, para cima e para baixo. Lá embaixo, sob aqueles corredores de ladrilhos reluzentes ficavam os quartos, empilhados uns sobre os outros, descendo fundo até as profundezas da Terra, e em cada quarto acomodava-se um ser humano a comer, dormir ou produzir ideias. E bem no fundo da colmeia estava seu próprio quarto. Vashti sentiu medo.

"Ó Máquina minha!", ela murmurou; acariciou o Livro e sentiu-se reconfortada.

Então as laterais do vestíbulo pareceram diluir-se, como acontece com as passagens que vemos nos sonhos, o elevador desapareceu, o Livro derrubado deslizou para o lado e sumiu, ladrilhos polidos correram pelo chão como um jato de água, houve um leve abalo e a nave aérea, saindo do túnel, elevou-se acima das águas de um oceano tropical.

Era noite. Por um instante ela viu o litoral de Sumatra delineado pela fosforescência das ondas e coroado por faróis de navegação, ainda projetando seus feixes de luz aos quais ninguém mais prestava atenção. Tudo isso saiu também de seu campo de visão e só as estrelas a distraíam agora. Não estavam imóveis, oscilavam de um lado para outro acima de sua cabeça, deslocando-se de uma claraboia a outra como se o universo e não a nave aérea estivesse adernando. E, como é comum nas noites claras, as estrelas pareciam ora estar em perspectiva, ora num plano achatado, ora empilhadas umas sobre as outras até o infinito, ora ocultando o infinito, como um teto que limitasse para todo o sempre a visão dos homens. Fosse como fosse, era uma visão insuportável. "Vamos ter de viajar no escuro?", perguntaram os passageiros, irritados, e a atendente, que se descuidara, acendeu a luz e abaixou as persianas de metal flexível. Quando as naves aéreas foram construídas, o mundo ainda queria olhar para as coisas diretamente, o que explicava o extraordinário número de claraboias e janelas, para desconforto dos que eram civilizados e refinados. Mesmo na cabina de

Vashti via-se uma estrela por uma brecha da persiana e após algumas horas de um sono inquieto ela foi perturbada por uma luz incomum: a aurora.

À medida que a nave acelerava na direção do oeste, a Terra girava ainda mais rapidamente rumo ao leste, arrastando Vashti e seus companheiros de viagem em direção ao sol. A ciência podia prolongar a noite mas só um pouco e as ambiciosas esperanças de vir a neutralizar a revolução diurna da Terra haviam desaparecido, junto com esperanças talvez ainda maiores. "Acompanhar o andar do sol", e até mesmo ultrapassá-lo, havia sido a meta da civilização anterior. Com esse objetivo construíram-se aeroplanos velozes, capazes de velocidades fantásticas e manejados pelos maiores intelectos da época. E puseram-se a dar voltas ao globo, voltas e mais voltas, buscando o ocidente, sempre o ocidente, voltas e mais voltas, por entre os aplausos da humanidade. Em vão. O globo ia na direção do leste ainda mais depressa, terríveis acidentes aconteceram e o Comitê da Máquina, que à época ganhava importância, declarou aquela busca ilegal, não mecânica e punível com o Desabrigo.

Mais será dito sobre o Desabrigo em seguida.

O Comitê sem dúvida tinha razão. O fato era que a tentativa de "derrotar o sol" suscitou o último interesse comum que nossa raça experimentou pelos corpos celestes, ou por qualquer outra coisa, na verdade. Foi a última vez que as pessoas se viram impactadas pela ideia de um poder exterior ao mundo. O sol havia triunfado e no entanto foi o fim de sua ascendência espiritual. Aurora, meio-dia, crepúsculo, a trajetória do zodíaco não mais influenciavam nem a vida nem o coração dos homens e a ciência bateu em retirada rumo à terra firme de modo a resolver problemas que tinha certeza de poder elucidar.

Assim foi que, quando Vashti viu sua cabina invadida por um róseo filete de luz, sentiu-se incomodada e tentou ajustar a persiana. Mas a persiana ergueu-se de vez e pela claraboia ela viu pequenas nuvens rosadas, oscilando contra um fundo azul, e à medida que o sol refulgia mais ainda seu brilho penetrava diretamente na cabina, transformando as paredes num mar dourado. A luz do sol subia e descia com o movimento da nave, assim como as ondas sobem e descem, mas avançava firmemente conforme a maré avançava. A menos que ela se cuidasse, aquela luz incidiria sobre seu rosto. Um espasmo de horror percorreu seu corpo e ela tocou a campainha para chamar a atendente. A atendente também ficou horrorizada mas nada podia fazer: não era sua função reparar a persiana. Só podia sugerir que Vashti mudasse de cabina, o que ela se preparou para fazer.

As pessoas eram todas muito parecidas umas às outras no mundo todo mas a atendente da nave aérea, talvez por causa de seus deveres excepcionais, desenvolvera algo fora do comum. Muitas vezes ela tinha de dirigir-se aos passageiros de modo direto e isso dera a seus modos uma certa aspereza e originalidade. Quando Vashti se afastou dos raios de sol e se desequilibrou, dando um grito, a atendente fez um gesto incivilizado: estendeu a mão para ampará-la.

"Como se atreve!", disse a passageira. "Você passou dos limites!"

A atendente ficou confusa e pediu desculpas por não a ter deixado cair. As pessoas nunca tocavam umas nas outras. Esse costume tornara-se obsoleto, devido à Máquina.

"Onde estamos agora?", Vashti perguntou, altiva.

"Sobre a Ásia", disse a atendente, ansiosa por parecer educada.

"Ásia?"

"Desculpe-me por meu modo banal de falar. Adquiri o hábito de designar por seus nomes não mecânicos os lugares por onde estou passando."

"Ah, lembro-me da Ásia. Os mongóis vieram dali."

"Abaixo de nós, ao ar livre, ficava uma cidade chamada Simla."

"Você já ouviu falar dos mongóis e da Escola de Brisbane?"

"Não."

"Brisbane também ficava ao ar livre."

"Aquelas montanhas à direita, venha ver." Ela afastou a persiana de metal. A principal cadeia do Himalaia estava à vista. "Um dia, essas montanhas foram chamadas de Teto do Mundo."

"Que nome mais bobo!"

"Você deve se lembrar: antes da aurora da civilização elas pareciam uma muralha impenetrável que alcançava as estrelas. Todo mundo pensava que só os deuses podiam viver acima delas. Hoje progredimos, graças à Máquina!"

"Como progredimos, graças à Máquina!", disse Vashti.

"Como progredimos, graças à Máquina!", repetiu o passageiro que na noite anterior deixara cair o Livro e que agora estava na passarela.

"E aquela coisa branca nas fendas das montanhas, o que é aquilo?"

"Esqueci o nome."

"Cubram a janela, por favor. Essas montanhas não me dão ideia alguma."

O lado norte do Himalaia estava numa sombra profunda, na vertente da Índia o sol imperava. As florestas haviam sido destruídas na era literária para a produção de polpa para papel-jornal. Mas a neve despertava em sua glória matinal e algumas nuvens ainda se mostravam enganchadas nas fraldas do Kanchenjunga. Na planície viam-se restos de cidades por cujos muros se esgueiravam rios com volume de água reduzido e ao redor viam-se às vezes sinais de vomitórios assinalando a existência das cidades atuais. Acima daquele cenário deslocavam-se, rápidas, várias naves aéreas cruzando os ares com incrível e segura desenvoltura subindo sem esforço quando queriam escapar das perturbações da atmosfera inferior e cruzar o Teto do Mundo.

"Sem dúvida progredimos, graças à Máquina", repetiu a atendente, e ocultou o Himalaia atrás da persiana de metal.

O dia arrastava-se, cansado. Os passageiros permaneciam sentados em suas cabinas, evitando-se mutuamente com uma repulsa quase física e ansiando por estar de novo abaixo da superfície da Terra. Eram uns oito ou dez passageiros, a maioria jovens rapazes que estavam saindo das creches públicas para ir morar nos quartos dos que haviam morrido em várias partes da Terra. O homem que deixara cair o Livro era um dos que seguiam em sua jornada rumo a uma nova casa. Fora enviado para Sumatra com o objetivo de propagar a raça. Apenas Vashti viajava por vontade própria.

Ao meio-dia ela olhou de novo para a Terra. A nave aérea estava cruzando outra cadeia de montanhas mas ela pouco podia ver por causa das nuvens. Uns maciços de rocha escura irrompiam abaixo dela, fundindo-se indistintos numa massa cinzenta. As formas eram fantásticas; uma delas parecia um homem deitado.

"Isso não me dá ideia alguma", murmurou Vashti, e ocultou o Cáucaso atrás da persiana de metal.

No final da tarde ela olhou de novo para fora. Cruzavam um mar dourado com várias ilhotas e uma península. Voltou a dizer "Isso não me dá ideia alguma" e escondeu a Grécia atrás da persiana de metal.

II. O DISPOSITIVO REPARADOR

Passando por um vestíbulo, um elevador, uma linha de trem tubular, uma plataforma, uma porta deslizante — refazendo em sentido contrário todos os passos dados no momento da partida, Vashti chegou ao quarto do filho, que se parecia em tudo com seu próprio quarto. Ela podia dizer com tranquilidade que aquela visita era de todo supérflua. Botões, maçanetas, a mesa de leitura com o Livro, a temperatura, a atmosfera, a iluminação, tudo era exatamente igual. E mesmo que Kuno, carne de sua carne, enfim ali estivesse, bem diante dela, que vantagem havia nisso? Ela era uma pessoa bem-educada, não iria apertar a mão dele.

Evitando o olhar do filho, ela disse:

"Aqui estou. A viagem foi terrível e retardou muito o desenvolvimento de minha alma. Não vale a pena, Kuno, não vale a pena. Meu tempo é muito precioso. Quase fiquei exposta aos raios do sol e encontrei gente muito grosseira. Só posso ficar uns minutos. Diga o que tem a dizer e vou-me embora."

"Estão me ameaçando de Desabrigo", Kuno disse.

Agora ela olhava para ele.

"Fui ameaçado de Desabrigo e não podia dizer isso pela Máquina."

Desabrigo significava morte. A vítima é exposta à atmosfera e morre.

"Eu estive lá fora depois que conversamos. Essa coisa terrível aconteceu e eles descobriram."

"Mas o que você tinha de ir fazer lá fora?", ela exclamou. "Visitar a superfície da Terra é legal, algo totalmente mecânico. Há pouco eu fui a uma palestra sobre o mar, não há nenhuma objeção quanto a isso, basta pedir um respirador e uma Permissão de Saída. Não é uma coisa que uma pessoa sensata faria, e pedi que você não o fizesse, mas não há nada de ilegal nisso."

"Não pedi Permissão de Saída."

"Então, como foi que saiu?"

"Eu mesmo encontrei uma saída."

O que ele disse não fazia sentido para ela, e ele teve de repetir.

"Você encontrou uma saída?", ela murmurou. "Mas isso é errado."

"Por quê?"

Aquela pergunta chocou-a profundamente.

"Você está começando a idolatrar a Máquina", ele disse. "Deve achar que sair por conta própria é sinal de falta de religião de minha parte. Foi o que o Comitê achou, quando me ameaçaram com o Desabrigo."

Ao ouvir aquilo ela ficou furiosa. "Não estou idolatrando nada!", ela gritou. "Sou uma progressista. Não acho que você seja uma pessoa sem religião porque não existe mais religião. Todos esses medos e superstições que um dia existiram foram destruídos pela Máquina. Só quis dizer que encontrar uma saída por conta própria foi... Além disso, não existe saída."

"É o que sempre se pensou."

"É impossível sair a não ser pelos vomitórios e nesse caso é preciso ter uma Permissão de Saída. É o que diz o Livro."

"Bem, o Livro está errado, porque eu estive lá fora."

Kuno tinha uma certa força física.

Naqueles tempos, ser musculoso era uma vergonha, um demérito. Toda criança era examinada ao nascer e todas que davam sinais de serem dotadas de uma força inadequada eram eliminadas. Aqueles que nutrem sentimentos humanitários podem protestar mas seria crueldade deixar um atleta viver; ele nunca seria feliz naquele modo de vida para o qual a Máquina o havia convocado; ele teria desejado trepar em árvores, nadar nos rios, fazer caminhadas pelos campos e subir montanhas para medir as próprias forças. O ser humano deve adaptar-se ao seu meio ambiente, não é assim? Na origem dos tempos, os mais fracos eram levados para o Monte Taygeto,[1] no crepúsculo do mundo os mais fortes de nós sofrem eutanásia para que a Máquina possa progredir, para que a Máquina possa progredir, para que a Máquina possa progredir eternamente.

"Você sabe que perdemos o sentido do espaço. É comum dizer 'o espaço foi abolido' mas não abolimos o espaço, apenas seu significado. Perdemos uma parte de nós mesmos. Decidi recuperar o que perdemos e comecei a andar para cima e para baixo na plataforma do trem do lado de fora do meu quarto. Para cima e para baixo até me cansar e com isso readquiri o sentido de 'Perto' e 'Longe'. *Perto* é um lugar aonde posso chegar com meus próprios pés, não um lugar aonde o trem ou uma nave aérea me levará rapidamente. *Longe* é um lugar aonde não posso chegar com meus próprios pés; o vomitório está *longe* embora eu possa estar lá em trinta e oito segundos se eu chamar um trem. O homem é a medida. Essa foi minha primeira lição. Os pés do homem são a medida da distância,[2] suas mãos são a medida do que pode ter, seu corpo é a medida de tudo que pode ser desejado e querido e que é bom. E depois fui ainda mais longe, e foi então que liguei para você pela primeira vez — e você não queria vir.

"Esta cidade, você sabe, foi construída bem abaixo da superfície da terra, só os vomitórios saem para fora. Depois de andar pela plataforma do lado de fora do meu quarto, peguei o elevador para a plataforma seguinte e caminhei por ela também e assim por diante até chegar à mais elevada, acima da qual começa

---

[1] Cadeia de montanhas do Peloponeso, sul da Grécia, local de sacrifícios; uma das denominações geográficas mais antigas da Europa, figura na *Odisseia*. (N.T.)
[2] Em inglês, *foot* (pé) é uma unidade de medida equivalente a 30,48 cm. (N.T.)

a superfície da Terra. Todas as plataformas eram exatamente iguais, e tudo que ganhei visitando-as foi desenvolver meu sentido de espaço e meus músculos. Acho que poderia ter-me contentado com isso — já não seria pouco —, mas enquanto eu caminhava e pensava, ocorreu-me que nossas cidades tinham sido construídas no tempo em que as pessoas ainda respiravam na atmosfera exterior, quando havia túneis de ventilação para os trabalhadores aqui embaixo. Eu não parava de pensar nesses túneis. Teriam sido todos destruídos por esses tubos de alimentação e distribuição de remédio e música que a Máquina desenvolveu depois? Ou havia sobrado algum vestígio deles? De uma coisa eu tinha certeza, se ainda existissem seria lá nos túneis do trem no último andar, nos outros lugares todo o espaço existente estava controlado.

"Estou contando-lhe minha história assim depressa mas não pense que não senti medo ou que suas respostas não me fizeram mal. *Não é a coisa certa*, *é amecânico*, não fica bem caminhar pelo *túnel do trem*. Eu não tinha medo de tropeçar num trilho eletrificado e morrer. Eu temia coisas mais intangíveis ao fazer aquilo que a Máquina não havia cogitado. E então pensei 'O homem é a medida de tudo' e fui em frente, e depois de muitas tentativas encontrei uma saída.

"Os túneis, claro, eram iluminados. Tudo é iluminado, com luz artificial; o escuro é exceção. Assim, quando vi um espaço negro num dos ladrilhos sabia que aquilo era uma exceção e me alegrei. Enfiei meu braço pela abertura — no começo era só o que cabia — e o movi lá dentro, em êxtase. Soltei outro ladrilho e consegui passar a cabeça e gritei dentro da escuridão 'Estou indo, já estou indo' e minha voz reverberou por infinitas passagens. Tive a impressão de ouvir as almas dos que trabalharam ali e que todas as noites voltavam para onde brilhava a luz das estrelas e para suas mulheres e todas as gerações que haviam vivido ao ar livre responderam para mim 'Você está vindo, você está chegando.'"

Ele parou de falar e, por mais absurdo que fosse, suas últimas palavras tinham--na comovido.

É que Kuno pedira recentemente autorização para ser pai mas seu pedido fora negado pelo Comitê. Ele não era o tipo de gente com quem a Máquina queria lidar.

"Então um trem passou por mim, raspando, mas enfiei minha cabeça e meus braços no buraco. Tinha feito o suficiente para um dia, me arrastei de volta para a plataforma, tomei o elevador e pedi minha cama. Ah, como sonhei aquela noite! E depois outra vez liguei para você e outra vez você se recusou a vir."

Ela balançou a cabeça e disse:

"Não. Não fale mais sobre essas coisas terríveis, me sinto muito mal. Você está jogando fora a civilização."

"Mas eu recuperei o sentido do espaço e ninguém pode parar depois disso. Estava decidido a entrar naquele buraco e subir pelo poço. E então exercitei os braços. Dia após dia fiz uns exercícios ridículos até que meus músculos doessem, até que eu pudesse sustentar-me apoiado em minhas mãos e segurar meu travesseiro com os braços esticados por vários minutos. Então pedi um respirador e me pus a caminho.

"No começo foi fácil. A argamassa tinha apodrecido, pude tirar mais alguns ladrilhos e comecei a subir pelo poço na escuridão, os espíritos dos mortos me animavam. Não sei o que quero dizer com isso. Só estou dizendo o que eu sentia naquele momento. Senti, pela primeira vez, que um protesto se afirmava contra a corrupção geral e que, assim como os mortos me animavam, eu estava animando os que ainda não haviam nascido. Senti que a humanidade existia e que não precisava de roupa. Como posso explicar isso? A humanidade estava nua, parecia despida, e eu sentia que todos esses botões e tubos e maquinário não nasceram conosco, nem irão nos acompanhar para sempre, nem importam muito mesmo enquanto estivermos por aqui. Se eu tivesse forças, teria rasgado minhas roupas e saído livre, sem estas faixas que me envolvem, para a atmosfera exterior. Mas talvez isso não seja para mim, talvez nem para minha geração. Subi com meu respirador, minhas roupas higienizadas e minhas barras dietéticas! Antes assim do que simplesmente não estar ali.

"Encontrei uma escada, feita de algum metal primitivo. A luz do túnel alcançava os primeiros degraus e vi que ela levava para cima e para fora, longe do entulho do fundo do poço. Talvez nossos antepassados subiram e desceram por ela dezenas de vezes ao dia, enquanto construíam tudo isto aqui. À medida que subia, as pontas agudas do metal atravessavam minha luva e minhas mãos sangravam. A luz me ajudou por algum tempo, depois foi só escuridão e, pior, um silêncio que perfurava meus ouvidos como uma lança. A Máquina zumbe! Você sabia disso? O zumbido dela penetra no sangue e pode até mesmo, quem sabe, guiar nossos pensamentos! Eu estava escapando ao controle da Máquina. Então pensei: 'Este silêncio significa que estou me comportando mal.' Mas ouvi vozes em meio àquele silêncio e de novo elas me deram forças." Ele riu: "Eu precisava delas. Logo depois bati a cabeça em alguma coisa."

Ela suspirou.

"Eu tinha alcançado uma dessas grandes tampas pneumáticas que nos protegem da atmosfera exterior. Você deve tê-las notado lá da nave aérea. Escuro como breu, meus pés nos degraus de uma escada invisível, minhas mãos cortadas; não sei como consegui sobreviver a essa parte mas as vozes me animavam, e então senti a presença de umas presilhas. A tampa, imaginei, devia ter uns dois metros e meio de diâmetro. Estiquei a mão sobre ela tanto quanto possível. Era completamente lisa. Senti algo quase no centro. Não bem no centro, meu braço era curto demais. E então a voz me disse: 'Pule. Vale a pena. Deve haver uma alça no centro e você poderá segurar-se nela e assim passar para o nosso lado. E se não houver alça alguma, mesmo que você caia e se despedace lá embaixo, vale a pena: mesmo assim você chegará até nós de algum modo.' Então eu pulei. Havia uma alça e..."

Ele fez uma pausa. Os olhos de Vashti encheram-se de lágrimas. Sabia que o filho estava condenado. Se ainda não havia morrido, logo estaria morto. Não havia lugar para alguém assim no mundo. E à sua compaixão misturou-se o desgosto. Sentia vergonha por ter dado à luz um filho assim, ela que sempre fora tão respeitável e tão cheia de ideias. Seria aquele a mesma criança a quem ela havia ensinado a usar os botões e as alavancas e a quem dera as primeiras lições do Livro? Os pelos que agora desfiguravam os lábios dele mostravam que ele rumava para algum tipo de selvageria. A Máquina não tinha piedade dos atavismos.

"Havia uma alça e eu a agarrei. Fiquei balançando sobre o vazio e ouvindo o zumbido do maquinário como se fosse o último suspiro de um sonho que se desvanece. Tudo aquilo que havia sido importante para mim e todas as pessoas com as quais havia falado através dos tubos, tudo parecia infinitamente irrisório. Foi então que a alça se mexeu. Meu peso pôs alguma coisa em movimento e girei-a devagar e então...

"Não consigo descrever. Eu estava deitado, o rosto voltado para o sol. Saía sangue de meu nariz e dos ouvidos e ouvi um barulho tremendo. A tampa, comigo agarrado a ela, havia sido expelida da terra e o ar daqui de baixo escapava pela abertura misturando-se com o ar lá de cima. Jorrava como uma fonte. Arrastei-me de volta para a abertura — o ar exterior dói — e aspirei grandes goles do ar que passava pela abertura. Meu respirador tinha voado para algum lugar, minhas roupas estavam rasgadas. Fiquei ali deitado com a boca perto do buraco e continuei sugando ar até que o sangramento parou. Não dá para imaginar nada tão estranho. Aquele buraco na grama — daqui a pouco o explico melhor —, o sol brilhando através dele, não muito forte mas como se através de umas nuvens marmóreas, a paz, a calma, o sentido de espaço e, raspando minhas bochechas, a ruidosa fonte do nosso ar artificial! Vi meu respirador aparecer e desaparecer na corrente de ar acima de minha cabeça e mais acima passavam várias naves aéreas. Mas ninguém olha para fora de uma nave aérea e de todo modo não tinham como me pegar. Lá estava eu, encalhado ali. O sol brilhava um pouco dentro do poço e deixava ver a parte superior da escada mas era inútil tentar alcançá-la. Eu poderia ser jogado para cima outra vez pela abertura ou então cair dentro dela e morrer. A única coisa que podia fazer era ficar deitado ali na grama, aspirando ar e de vez em quando olhando ao redor.

"Sabia que estava em Wessex, tinha tomado o cuidado de frequentar uma palestra sobre esse tema antes de começar minha jornada. Wessex fica bem acima do quarto onde estamos agora. Foi um estado importante no passado. Seus reis controlavam todo o litoral sul de Andredswald até Cornwall, com o Wansdyke correndo mais acima e protegendo-os pelo lado norte. O palestrante só estava interessado na ascensão de Wessex, então não sei até quando continuou a ser uma potência internacional e saber isso também não seria nenhuma vantagem. Para falar a verdade, a única coisa que eu podia fazer naquele momento era rir. Ali estava eu, com uma tampa pneumática ao meu lado e o respirador dando cambalhotas acima de minha cabeça num fluxo de ar e os três aprisionados, naquele buraco aberto na grama e cercado de samambaias."

E ele ficou sério outra vez.

"Sorte minha que era um buraco. O ar começou a cair de volta e o encheu como a água enche uma vasilha. Eu já me podia arrastar. Fiquei em pé. Respirei uma mistura de ar, aquele ar que machucava predominando sobre o outro toda vez que eu tentava subir pelos lados. A situação não era tão ruim assim. Não tinha perdido minhas barras de alimento, continuava me sentindo ridiculamente bem-disposto e já me esquecera por completo da Máquina. Meu único objetivo era chegar ao topo, onde estavam as samambaias, e ver o que havia ao redor.

"Comecei a subir. O novo ar ainda era agressivo demais para mim e rolei para trás depois de ver por um instante alguma coisa cinzenta. O sol estava muito fraco, lembrei-me que ele estava em Escorpião — tinha ouvido uma palestra sobre isso também. Se o sol está em Escorpião e você está em Wessex, significa que você deve ser o mais rápido quanto puder, pois logo fica escuro demais (essa foi a única informação útil que uma palestra algum dia me deu, e espero que seja a última). Aquilo me fez tentar desesperadamente aspirar o ar novo e me afastar o máximo possível de meu 'lago' de ar. O buraco enchia-se devagar. Às vezes eu tinha a impressão de que a fonte jorrava com menos vigor. Meu respirador parecia dançar mais perto do chão, o barulho estava diminuindo."

Ele fez uma pausa.

"Acho que esta história não lhe interessa. O resto vai interessar menos ainda. Não contém ideias e eu preferia não lhe ter dado o trabalho de vir até aqui. Somos muitos diferentes, mãe."

Ela disse para Kuno continuar.

"Já era noite quando consegui subir à margem. O sol já havia quase desaparecido do céu e eu não podia enxergar muito. Você, que acabou de passar pelo Teto do Mundo, não vai querer ouvir falar das pequenas colinas que vi ali, umas colinas baixas e sem cor. Mas para mim elas palpitavam de vida e a relva que as recobria era como uma pele sob a qual seus músculos ondulavam e senti que aquelas colinas deviam ter-se revestido de um significado muito forte no passado e que as pessoas haviam gostado imensamente delas. Agora dormiam — talvez para sempre. Nos seus sonhos comungam com a humanidade. Feliz o homem, feliz a mulher que despertar as colinas de Wessex. Embora estejam dormindo, elas nunca morrerão."

Sua voz subiu, num tom apaixonado.

"Você não percebe, não percebem todos vocês, palestrantes, que somos nós que estamos morrendo e que aqui embaixo a única coisa que de fato vive é a Máquina? Criamos a Máquina para que fizesse nossas vontades, mas agora já não podemos fazer com que atenda nossos desejos. Ela nos roubou o sentido do espaço e o sentido do tato, borrou todo tipo de relação humana e reduziu o amor a um ato carnal, paralisou nossos corpos e nossas vontades e agora nos obriga a idolatrá-la. A Máquina se desenvolve — mas não rumo a nosso destino. A Máquina segue adiante — mas não com o mesmo objetivo nosso. Existimos apenas como os corpúsculos de sangue que correm por suas artérias, e se ela pudesse viver sem nós, nos deixaria morrer. Não há saída — ou talvez haja uma, dizer e repetir a todos que vi as colinas de Wessex assim como Ælfrid as viu quando derrotou os dinamarqueses."

"E então o sol se pôs. Esqueci-me de dizer que um cinturão de neblina envolvia o espaço entre a colina onde eu estava e as outras e que ele tinha uma cor de pérola."

Ele parou de falar outra vez.

"Continue", disse a mãe, numa voz cansada.

Ele balançou negativamente a cabeça.

"Continue. Nada do que me disser agora me fará mal. Já me endureci."

"Pensei contar-lhe o resto mas não posso. Sei que não posso. Adeus."

Vashti não sabia o que fazer. Seus nervos estavam vibrando com todas aquelas blasfêmias. Mas ela também queria saber mais.

"Não é justo", ela se queixou. "Você me fez vir aqui desde o outro lado do mundo para ouvir sua história e é o que vou fazer. Diga-me, tão rapidamente quanto possível porque tudo isso é uma tremenda perda de tempo, diga-me como voltou à civilização?"

"Ah, isso!", ele disse, recomeçando. "Você quer saber sobre a civilização. Claro. Já falei sobre como cheguei até onde meu respirador havia caído?"

"Não, mas estou entendendo. Você colocou o respirador e conseguiu caminhar pela superfície da Terra até um vomitório e lá seu comportamento foi notificado ao Comitê Central."

"Não, de modo algum."

Ele passou a mão pela testa, como se eliminasse alguma impressão forte. Depois, retomando a narrativa, empolgou-se outra vez.

"Meu respirador caiu no chão ao pôr do sol. Eu disse que a fonte parecia cada vez mais fraca, não disse?"

"Sim."

"Quando o sol se pôs, o respirador caiu ao chão. Como disse, eu tinha me esquecido da Máquina por completo, não prestava mais atenção nela, ocupado com outras coisas. Tinha meu lago de ar, onde podia respirar quando a dureza do ar exterior tornava-se insuportável, aquela situação poderia durar ainda alguns dias contanto que nenhum vento viesse dispersá-lo. Só bem mais tarde percebi o que significava a interrupção do fluxo de ar escapando. A abertura no túnel havia sido reparada. O Dispositivo Reparador, o Dispositivo Reparador estava atrás de mim.

"Recebi um outro aviso mas não prestei atenção. O céu naquela noite estava mais claro do que durante o dia e a lua, a meia altura por trás do sol, por vezes brilhava forte sobre o vale onde eu estava. Eu continuava parado no meu lugar de sempre, no limite entre as duas atmosferas, quando pensei ver alguma coisa que se movia no fundo do vale e que desapareceu no poço. Fora de mim, corri para lá. Inclinei-me e me pus a escutar e pensei ter ouvido um ruído arranhando nas profundezas.

"Naquele instante, mas já era tarde, me alarmei. Decidi colocar o respirador e me afastar do buraco. Mas o respirador havia sumido. Eu sabia exatamente onde ele havia caído — entre a tampa e a abertura — e eu ainda podia ver a marca que deixara na relva. Tinha sumido e percebi que algo de ruim estava acontecendo. Melhor era ir para o outro ar, se tivesse de morrer melhor sair correndo para aquelas nuvens cor de pérola. Nem saí do lugar. Do poço... é horrível demais... um verme, um verme comprido e esbranquiçado tinha se arrastado para fora do poço e deslizava sobre a grama iluminada pela lua.

"Eu gritei, fiz tudo que não devia ter feito, pulei em cima dele em vez de fugir para longe; logo ele se enrolou em meu tornozelo. Começamos a lutar. O verme me deixou correr um pouco mas agarrou-me pela perna. 'Socorro', eu gritei. (Essa passagem é assustadora. Faz parte da história que você nunca conhecerá.) 'Socorro!', gritei de novo (Por que não podemos sofrer em silêncio?). 'Socorro!', gritei. Quando a coisa agarrou meus pés eu caí, ela me arrastou para longe das samambaias e das colinas e da grande tampa de metal (isso eu posso lhe contar) e pensei que a tampa poderia me salvar de novo se eu pudesse agarrar aquela alça. Mas o verme tinha se enrolado nela também, toda a área estava cheia daquelas coisas. Elas estavam vasculhando tudo, estavam limpando tudo e os focinhos esbranquiçados de outros vermes despontavam fora do buraco, como se prontos para intervir. Juntaram tudo que se podia mover — arbustos, feixes de samambaia, tudo — e entrelaçados mergulhamos todos rumo ao inferno. A última coisa que vi, antes que a tampa se fechasse atrás de nós, foram algumas estrelas e senti que um homem da minha espécie poderia viver no céu. Lutei muito, lutei até o fim e só sosseguei quando minha cabeça se chocou contra a escada. Acordei neste quarto. Os vermes haviam desaparecido. Eu estava envolto pelo ar artificial, pela luz artificial, pela paz artificial e meus amigos me chamavam pelo tubo de comunicação para saber se eu tivera alguma ideia nova ultimamente."

Aqui acabava a história dele. Era impossível discuti-la e Vashti virou-se para partir.

"Tudo isso vai acabar em Desabrigo", ela disse, calma.

"Se for só isso, tudo bem."

O DISPOSITIVO REPARADOR   45

"A Máquina mostrou-se misericordiosa."

"Prefiro a misericórdia de Deus."

"Com esse tipo de superstição, você quer dizer que preferiria viver na atmosfera exterior?"

"Sim."

"Você já viu, perto dos vomitórios, os ossos dos que foram expelidos depois da Grande Rebelião?"

"Vi."

"Foram deixados ali onde morreram como exemplo. Uns poucos conseguiram arrastar-se por alguma distância mas também morreram — alguém duvida disso? O mesmo acontece com os Desabrigados hoje. A superfície da Terra não mais ampara a vida."

"É verdade."

"Samambaias e um pouco de grama podem sobreviver mas todas as formas de vida superior pereceram. Alguma nave aérea alguma vez detectou sinais de vida superior?"

"Não."

"Algum palestrante alguma vez falou disso?"

"Não."

"Então, por que insistir tanto nisso?"

"Porque eu os vi", ele explodiu.

"Viu o quê?"

"Porque eu a vi no crepúsculo, porque ela me ajudou quando gritei, porque os vermes estavam enrolados no corpo dela também, e ela teve mais sorte do que eu, um deles cortou a garganta dela."

Ele estava louco. Vashti foi embora e nem mesmo durante as peripécias que se seguiram voltou a vê-lo.

III. OS DESABRIGADOS

Nos anos que se seguiram à escapada de Kuno, duas importantes mudanças aconteceram na Máquina. Eram aparentemente revolucionárias mas em ambos os casos já estavam todos preparados para elas, que apenas expressavam tendências latentes.

A primeira foi a abolição do respirador.

Pensadores avançados, como Vashti, sempre haviam dito que era tolice visitar a superfície da Terra. As naves aéreas podiam ser necessárias mas qual a vantagem de ir lá fora apenas por curiosidade e se arrastar por um ou dois quilômetros por meio de um motor terrestre? Aquele era um hábito vulgar e talvez impróprio; improdutivo em termos de ideias e sem relação alguma com os hábitos realmente importantes. Assim, os respiradores foram abolidos e com eles, claro, os motores terrestres. Com exceção de alguns palestrantes que se queixaram do desaparecimento de um de seus temas, a mudança foi pacificamente aceita. Os que ainda queriam saber como era a Terra afinal dispunham de gramofones ou cinematófotos para obter informação. E mesmo os palestrantes acabaram concordando com a medida quando perceberam que uma palestra sobre o mar era igualmente estimulante quando elaborada adequadamente com base em outras já proferidas sobre o mesmo assunto. "Cuidado com as ideias de primeira mão!", observou um dos palestrantes mais avançados. "Ideias de primeira mão de fato não existem. Não passam de impressões físicas geradas pela experiência e pelo medo, e sobre uma base assim tão tosca quem poderia construir um edifício filosófico? Deixe que suas ideias sejam de segunda mão, se possível de décima mão, só assim ficarão longe desse elemento perturbador que é a observação direta. Não aprenda nada sobre este meu tema que é a Revolução Francesa. Informe-se, é bem melhor, sobre o que eu penso que Enicharmon pensou que Urizen pensou que Gutch pensou que Ho-Yung pensou que Chi-Bo-Sing pensou que Lafcadio Hearn pensou que Carlyle pensou sobre o que Mirabeau disse da Revolução Francesa. Por meio dessas oito grandes mentes, o sangue que foi derramado em Paris e as janelas que foram quebradas em Versalhes se transformarão em ideias importantes que você vai conseguir aplicar à vida cotidiana. Mas assegure-se de que os intermediários serão inúmeros e variados pois na história uma autoridade existe para contradizer outra. Urizen pode contrabalançar o ceticismo de Ho-Yung e Enicharmon, eu mesmo entrarei em contradição com a impetuosidade de Gutch. Vocês que me ouvem estão em melhor situação para julgar a Revolução Francesa do que eu. Seus descendentes estarão numa situação melhor que a sua pois vão aprender o que você acha que eu acho e assim mais um intermediário será acrescentado à cadeia. E com o tempo" — sua voz se ergueu — "virá uma geração que transcenderá os fatos, as impressões, uma geração absolutamente sem luz própria, uma geração

> *seraficamente livre*
> *da nódoa da personalidade*[1]

que verá a Revolução Francesa não como ela aconteceu, não como gostariam que tivesse acontecido, mas como teria acontecido se tivesse ocorrido na era da Máquina."

Uma enorme salva de aplausos coroou essa palestra, que apenas expressava um sentimento latente nas mentes das pessoas — um sentimento de que os fatos terrestres devem ser ignorados e que a abolição dos respiradores fora uma coisa boa. Sugeriu-se que até mesmo as naves aéreas fossem abolidas. Isso não aconteceu porque as naves aéreas de algum modo haviam se tornado parte do sistema da Máquina. Mas ano a ano eram menos usadas e menos lembradas pelas pessoas ponderadas e sensatas.

A segunda grande mudança foi o restabelecimento da religião.

Esse ponto também havia sido mencionado naquela famosa palestra. Ninguém deixou de notar o tom de reverência com que aquela peroração se encerrava,

---

[1] Versos de um poema de George Meredith (1828-1909), "The Lark Ascending", um clássico da lírica vitoriana no qual o canto do sabiá é comparado ao do ser humano, que não é "seraficamente livre/ da nódoa da personalidade". (N.T.)

encontrando eco no coração de todos. Aqueles que em silêncio haviam se dedicado ao culto agora começavam a falar abertamente. Descreviam a estranha sensação de paz que os acometia quando abriam o Livro da Máquina, o prazer que era repetir alguns de seus parágrafos, por menor que fosse o sentido por eles veiculado, o êxtase que era apertar um botão, por menos importante que fosse, ou tocar uma campainha elétrica, por mais inútil que fosse.

"A Máquina", disseram, "nos alimenta e nos veste e nos dá um teto; através dela nos comunicamos, através dela nos vemos uns aos outros, nela encontramos nosso ser. A máquina é amiga das ideias e inimiga da superstição: a Máquina é onipotente, eterna; abençoada seja a Máquina." E esse discurso logo foi impresso na primeira página do Livro e nas edições seguintes aquele ritual evoluiu para um complicado sistema de louvor e oração. A palavra "religião" foi astutamente evitada e teoricamente a Máquina ainda era criação e instrumento do homem. Mas na prática, todo mundo, menos uns retrógrados, adoravam-na como um ser divino. Tampouco era idolatrada por todos pelas mesmas razões. Um crente adorava sobretudo as placas ópticas azuis, através da qual podia ver outros crentes; outro adorava o Dispositivo Regenerador, que o pecador Kuno havia comparado a um verme; outro, os elevadores; outro, o Livro. E cada um dirigia suas orações para isto ou aquilo, pedindo que intercedesse por ele junto à Máquina. Perseguição — isso também existiu. Não grassou, por motivos que ficarão claros em seguida. Mas era latente e todos que não aceitassem o mínimo conhecido como "Mecanismo Aconfessional" corriam o risco do Desabrigo que, como sabemos, significa a morte.

Atribuir esses dois grandes desenvolvimentos ao Comitê Central é ter uma ideia muito estreita da civilização. O Comitê Central anunciava os desenvolvimentos, é verdade, mas não era a causa deles, não mais do que eram os reis a causa das guerras no período imperialista. De fato, o Comitê cedia a uma pressão incontornável que ninguém sabia de onde provinha e que, quando atendida, era substituída por nova pressão igualmente incontornável. A esse estado de coisas costuma-se dar o conveniente nome de progresso. Ninguém admitia que a Máquina estivesse fora de controle. Ano após ano ela era servida com maior eficiência e menor inteligência. Quanto mais alguém conhecesse seus deveres para com a Máquina, menos entenderia seus deveres para com seus semelhantes e no mundo todo não havia ninguém que compreendesse o monstro por inteiro. As mentes brilhantes capazes de fazê-lo já haviam desaparecido. Tinham deixado instruções sobre como proceder, é verdade, e cada um de seus sucessores havia dominado um conjunto particular delas. Mas a Humanidade, em seu desejo de mais conforto, fora longe demais. Havia explorado excessivamente as riquezas da natureza. Quietamente, complacentemente, a humanidade mergulhava na decadência e *progresso* agora significava progresso da Máquina somente.

Quanto a Vashti, sua vida continuou em paz até o desastre final. Apagava a luz do quarto e adormecia; despertava e acendia a luz. Dava palestras e assistia palestras. Trocava ideias com seus inúmeros amigos e assim acreditava progredir espiritualmente. De vez em quando algum amigo era agraciado com a Eutanásia e trocava seu quarto pelo Desabrigo, o que está além de toda compreensão humana. Vashti não se importava muito com isso. Após uma palestra malsucedida, às vezes ela mesma pedia Eutanásia. Mas não era permitido que o índice de mortalidade superasse o de nascimentos e até então a Máquina recusara seus pedidos.

Os problemas começaram sem alarde, muito antes que tomasse consciência deles.

Um dia surpreendeu-se com uma mensagem do filho. Nunca se comunicavam, por não terem nada em comum, e ela apenas tinha sabido indiretamente que ele ainda estava vivo e fora transferido do hemisfério norte, onde se comportara tão mal, para o hemisfério sul — na verdade, para um quarto não muito distante do seu.

"Será que ele quer que eu vá visitá-lo?", ela pensou. "Nunca mais, nunca. Além disso não tenho tempo."

Não, era outro tipo de loucura.

Ele se recusava a mostrar o rosto na placa azulada e, falando em meio à escuridão, solenemente disse:

"A Máquina está parando."

"O que você disse?"

"A Máquina está parando, sei que está, conheço os sinais."

Ela caiu na risada. Ele a ouviu e ficou furioso. A conversa acabou ali.

"Pode imaginar algo mais absurdo?", ela disse a um amigo. "Um homem que foi meu filho acredita que a Máquina está parando. Seria heresia se não fosse loucura."

"A Máquina está parando?", o amigo respondeu. "Que significa isso? Isso não quer dizer nada para mim."

"Nem para mim."

"Será que ele não está se referindo aos recentes problemas com a música?"

"Claro que não. Aliás, vamos falar sobre a música."

"Você já se queixou às autoridades?"

"Sim, disseram que precisa de reparos e me mandaram falar com o Comitê do Dispositivo Regenerador. Eu me queixei desses estranhos engasgos que desfiguram as sinfonias da Escola de Brisbane. Parece alguém sofrendo. O Comitê do Dispositivo Regenerador disse que logo será consertado."

Um tanto preocupada, ela retomou sua vida normal. Por um lado o defeito na música a irritava. Por outro não podia esquecer o que Kuno lhe dissera. Se ele soubesse que não havia conserto para a música — não poderia saber disso, pois detestava música —, se soubesse da existência de algum problema, "A Máquina está parando" era exatamente o tipo de comentário venenoso que teria feito. Claro, ele dissera aquilo ao acaso mas a coincidência a preocupava e foi com alguma petulância que ela se dirigiu ao Comitê do Dispositivo Regenerador.

Como antes, responderam que o defeito logo seria reparado.

"Logo?! Já!!", ela retorquiu. "Por que tenho de ser incomodada por essa música defeituosa? Tudo é consertado imediatamente. Se não consertarem isso de imediato, vou me queixar ao Comitê Central."

"O Comitê Central não aceita reclamações pessoais", o Comitê do Dispositivo Regenerador respondeu.

"A quem devo me dirigir, então?"

"A nós."

"Estou reclamando agora, então."

"Sua reclamação será devidamente encaminhada quando chegar a vez."

"Outros já reclamaram?"

Essa era uma pergunta amecânica e o Comitê do Dispositivo Regenerador recusou-se a responder.

"Isso está muito errado!", ela comentou com outro de seus amigos.

"Sou a mais infeliz das mulheres. Não posso mais confiar em minha música. Fica cada vez pior a cada vez que peço música."

"O que acontece?"

"Não sei se é dentro de minha cabeça ou dentro da parede."

"Na dúvida, reclame."

"Já reclamei e minha reclamação será enviada ao Comitê Central quando chegar a vez."

O tempo passou e as pessoas não mais percebiam o defeito. As falhas não haviam sido sanadas mas os tecidos humanos, naqueles dias, tornaram-se tão subservientes que se adaptavam com rapidez aos caprichos da Máquina. Os engasgos na sinfonia de Brisbane não mais irritavam Vashti; aceitava aquilo como parte da melodia. Seu amigo tampouco continuava percebendo aquele ruído estridente, dentro da cabeça ou vindo da parede. E o mesmo acontecia com a fruta artificial mofada, com a água quente que começou a cheirar mal, com as rimas defeituosas que a máquina de poesia começou a transmitir. Reclamou-se acidamente de tudo isso no começo, depois a situação se acalmou e tudo foi esquecido. As coisas foram de mal a pior, sem contestação.

Com a falha do dispositivo de dormir a história foi outra. Era uma avaria mais séria. Um dia, no mundo todo — em Sumatra, em Wessex, nas inúmeras cidades da Courland e no Brasil — as camas, quando solicitadas por seus donos cansados, não apareceram. Pode parecer ridículo mas é possível datar daí o colapso da humanidade. O Comitê responsável pela avaria foi tomado pelos reclamantes que, como sempre, eram encaminhados ao Comitê do Dispositivo Regenerador que, por sua vez, garantia que as reclamações seriam encaminhadas ao Comitê Central. Mas o descontentamento aumentou, uma vez que a humanidade ainda não estava suficientemente treinada para dispensar o sono.

"Alguém está interferindo na Máquina...", começaram a dizer.

"Alguém está tentando tornar-se rei, reintroduzir o fator pessoal."

"Que seja punido com o Desabrigo!"

"Vamos proteger a Máquina! Vingança para a Máquina! Vingança para a Máquina!"

"É guerra! Morte ao inimigo!"

Mas o Comitê do Dispositivo Regenerador tomou a iniciativa e controlou o pânico com palavras bem escolhidas. Admitiu que o próprio Dispositivo Regenerador precisava de reparos.

O efeito dessa confissão foi admirável.

"Claro", disse um famoso palestrante — aquele da Revolução Francesa, que dourava a pílula a cada novo sinal de decadência — "claro que não devemos nos queixar agora. O Dispositivo Regenerador nos tratou tão bem no passado que todas nossas simpatias agora vão para ele, vamos esperar pacientemente por sua recuperação. No devido tempo ele retomará suas funções. Enquanto isso, damos um jeito sem nossas camas, nossas tabletas, nossas pequenas necessidades. Tenho certeza de que essa é a vontade da Máquina."

A milhares de quilômetros de distância, o público do palestrante aplaudiu. A Máquina ainda unia a todos. No fundo dos oceanos, abaixo dos sopés das montanhas, corriam os cabos pelos quais todos se viam e se ouviam, com aqueles enormes olhos e ouvidos que eram a herança de todos e o zumbido das engrenagens que envolveu seus pensamentos com a roupagem da subserviência. Só os mais velhos e os doentes se mostraram ingratos pois o boato era que a Eutanásia também não funcionava mais: a dor voltara a ser conhecida pelas pessoas.

Ler tornou-se difícil. Um tipo de praga introduziu-se na atmosfera e atrapalhava a luminosidade. Por vezes Vashti mal conseguia enxergar dentro do quarto. O ar também não andava bem. As queixas eram cada vez mais fortes, os consertos não serviam para nada e aquele palestrante assumiu um tom heroico quando gritou: "Coragem! Coragem! Que importa o resto enquanto a Máquina existir? Para ela, as luzes e as trevas são uma coisa só." E embora a situação melhorasse um pouco, o antigo brilho nunca voltou a existir e a humanidade nunca se recuperou de sua passagem para o crepúsculo. Ouvia-se uma conversa histérica sobre "as medidas" ou a "ditadura provisória" e os habitantes de Sumatra foram chamados a familiarizarem-se com a operação das centrais elétricas quando na verdade a central elétrica estava na França. Na maioria dos lugares, o pânico imperava e as pessoas gastavam suas energias erguendo orações ao Livro, prova tangível da onipotência da Máquina. O terror assumia tons diferentes — por vezes ouviam-se boatos esperançosos de que o Dispositivo Regenerador estaria quase reparado ou que os inimigos da Máquina haviam sido dominados, que novos "centros nervosos" estavam sendo implantados e fariam todo o trabalho de modo ainda mais fantástico do que antes. Mas chegou o dia em que, sem o menor aviso prévio, sem qualquer indício de fraqueza anterior, todo o sistema de comunicação parou, no mundo todo. E o mundo, tal como era conhecido, acabou.

Vashti estava dando uma palestra naquele instante e seus primeiros comentários foram recebidos com aplausos. À medida que prosseguia, seu público tornou-se silencioso e quando acabou só o silêncio imperava. Um pouco decepcionada, ligou para um amigo especializado em simpatia. Nenhum sinal dele: sem dúvida o amigo estava dormindo. O mesmo com o amigo seguinte que ela tentou chamar, idem com mais um até que se lembrou da observação misteriosa de Kuno, "A Máquina está parando".

Aquilo ainda não fazia sentido para ela. Se a Eternidade estivesse parando, sem dúvida logo seria posta a funcionar outra vez.

Por exemplo, ainda havia um pouco de luz e de ar — a atmosfera havia melhorado um pouco nas últimas horas. Ainda havia o Livro e enquanto houvesse o Livro todos poderiam sentir-se seguros.

E então ela desabou, pois com a interrupção de toda a atividade veio um inesperado terror: o silêncio.

Ela nunca conhecera o silêncio e seu advento quase significou a morte para ela — de fato já nos primeiros instantes o silêncio matou muita gente. Desde que nascera Vashti estivera envolta naquele zumbido contínuo. Aquilo era para os ouvidos o que o ar artificial era para os pulmões e ela sentiu dores lancinantes na cabeça. E sem saber direito o que fazia, caminhou aos trancos e apertou aquele botão pouco familiar que abria a porta de sua célula.

A porta da célula funcionava agora com um sistema próprio. Não estava conectado com a estação elétrica central, que se apagava na França. A porta abriu-se dando a Vashti infundadas esperanças, ela pensou que a Máquina havia sido consertada. A porta se abriu e ela viu o interior obscuro do túnel que fazia uma curva adiante em direção à liberdade. Deu uma olhada e encolheu-se de volta: o túnel estava cheio de gente, ela fora praticamente a última na cidade a reagir.

As pessoas sempre tinham sido motivo de repulsa para ela, eram seu pior pesadelo. Havia gente arrastando-se, gritando, chorando, tentando respirar, esbarrando umas nas outras, sumindo na escuridão, pessoas eram empurradas para fora da plataforma, sobre o trilho eletrificado. Algumas brigavam pelas campainhas elétricas tentando chamar trens que nunca viriam. Outros pediam Eutanásia aos berros ou respiradores ou xingavam a Máquina. Outros, como ela, ficavam parados na porta de suas células sem se decidir a voltar para dentro ou abandoná-las. E por cima de toda aquela confusão havia o silêncio — silêncio que era a voz da Terra e das gerações passadas.

Não. Aquilo era pior do que a solidão. Ela fechou a porta e sentou-se à espera do fim. A desintegração começava, acompanhada por horríveis sons de coisas se rompendo e estrondos. As válvulas que controlavam o Dispositivo Médico deviam ter parado de funcionar, pois a máquina surgira pendurada no teto, uma visão pavorosa. O chão subiu e desceu e a jogou para fora da poltrona. Um tubo projetou-se em sua direção como se fosse uma serpente. E então o horror final sobreveio, a luz começou a diminuir e ela soube que o longo dia da civilização chegava ao fim.

Ela vagava desorientada, esperando ser salva daquilo tudo. Por via das dúvidas beijava o Livro e apertava botão após botão. O ronco lá fora crescia, penetrava as paredes do quarto. Aos poucos o brilho em sua célula diminuiu, os reflexos sumiram dos interruptores de metal. Não mais podia enxergar a mesa de leitura, nem mesmo o Livro que segurava nas mãos. Aconteceu com a luz o que acontecera com o som, com o ar o que acontecera com a luz e o vazio original apossou-se da caverna do qual havia sido expulso. Vashti continuou a rodopiar como os devotos de alguma religião primitiva, gritando, rezando, batendo nos botões com as mãos em carne viva.

Foi quando sua prisão se abriu e ela escapou — escapou em espírito, pelo menos é o que me parece agora que minhas reflexões se encerram. Não posso dizer que ela escapou com o corpo. Por sorte, ela acionou o interruptor que abria a porta e a lufada de ar ruim sobre sua pele, o barulho ensurdecedor daqueles ruídos em seus ouvidos, indicavam-lhe que estava outra vez diante do túnel e naquela terrível plataforma na qual vira pessoas lutando. Não lutavam mais. Só se ouviam murmúrios e gemidos e lamúrias. Morriam às centenas, no escuro.

Ela irrompeu num choro.

E teve lágrimas por resposta.

Choravam pela humanidade, aqueles dois, não por eles mesmos. Não podiam aceitar que aquilo fosse o fim. Quando o silêncio se fez total, seus corações se abriram e conheceram o que de fato fora importante na Terra. O ser humano, flor de tudo que existe, a mais nobre das criaturas, o ser humano que um dia criara um deus à própria imagem e semelhança e que havia projetado seu poder até as estrelas, aquele belo ser humano estava morrendo, estrangulado dentro das roupas por ele mesmo fabricadas. Batalhara por séculos e séculos e aquela era sua recompensa. Aquelas roupas pareceram divinas, no começo, recobertas com as cores da cultura, costuradas com as linhas da abnegação pessoal. E tudo havia sido divino enquanto o ser humano pôde controlar a situação e viver conforme sua essência própria que é sua alma e conforme essa outra essência sua, igualmente divina, que é seu corpo. O pecado contra o corpo, era por isso que agora pagavam; séculos de *maltratos* aos músculos, aos nervos e aos cinco portais que são os únicos meios pelos quais é possível captar tudo que existe — menosprezando tudo isso com aquele discurso sobre a evolução até que o corpo se transformasse numa polpa esbranquiçada, sede de ideias igualmente sem cor, derradeiros estímulos pegajosos de um espírito que havia alcançado as estrelas.

"Onde você está?", ela soluçou.

A voz dele soou na escuridão, "Aqui."

"Existe alguma esperança, Kuno?"

"Não para nós."

"Onde você está?"

Ela se arrastou sobre os corpos dos mortos. O sangue de Kuno jorrou nas mãos dela.

"Depressa", ele arquejou, "estou morrendo — mas estamos nos tocando, estamos conversando e não é através da Máquina."

Ele a beijou.

"Voltamos ao que éramos. Estamos morrendo mas reconquistamos a vida, como era em Wessex, quando Ælfrid derrotou os dinamarqueses. Sabemos o que eles conheceram lá fora, eles que moraram nas nuvens cor de pérola."

"Mas, é verdade isso, Kuno? Ainda existe gente na superfície da Terra? Este túnel, esta escuridão venenosa não é o fim de tudo?"

Ele respondeu:

"Eu os vi, falei com eles, apaixonei-me por eles. Eles se escondem na neblina e por entre as samambaias até que nossa civilização se acabe. Hoje são os Desabrigados, amanhã..."

"Amanhã algum idiota vai ligar a Máquina outra vez."

"Nunca mais", Kuno disse, "nunca mais. A humanidade aprendeu a lição."

Enquanto ele falava, a cidade se rompia como uma colmeia. Uma nave aérea navegara de um vomitório para uma doca em ruínas. Caiu despedaçando-se como se explodisse rasgando uma após a outra suas galerias unidas por anéis de aço. Por um instante eles viram as nações dos mortos e, antes de juntarem-se a eles, nesgas de um céu limpo.

PAISAGEM
COM RISCO EXISTENCIAL

Teixeira Coelho

Um frio crescente percorre a espinha à leitura desta novela de E. M. Forster. É que a narrativa fala de algo situado, não em um futuro indefinido, por isso distante e que não preocupa, mas, sim, neste mesmo tempo presente mais duro, imediato e palpável, aqui e agora. Se em 1909 ela pôde ser vista como exercício de futurologia,[1] talvez extremamente fantasioso para os contemporâneos, em 2015 sua taxa de prognóstico reduziu-se enormemente porque muito daquilo que desenhava há mais de um século já foi implementado — para quem presta atenção à leitura. Seu poder de atração, porém, permanece intacto ou mostra-se redobrado: o espanto surge agora da familiaridade, não da estranheza. Duplo poder de atração, derivado em parte da capacidade do escritor para imaginar situações e fatos num momento em que inexistia qualquer base para deduzi-los da realidade por ele vivida (e que poderiam naquele instante propor-se como meros jogos da imaginação, se não excessivas alucinações) e, em outra parte, da propriedade e adequação do que conta.

A TECNOLOGIA ANTECIPADA

Logo de início surge em cena algo realmente espantoso para a época, a placa redonda que Vashti segura nas mãos e da qual escapa uma luz azulada que lhe permite ver à distância a imagem do filho, Kuno, e ouvir o que ele tem a dizer. O imaginário de Forster é amplo e difícil dizer se essa qualidade deriva mais da previsão da "placa redonda que tinha nas mãos", antevisão de tablets e iPads, ou da luz azulada que dela emana. No começo do século 20 não havia como Forster ver a luz, entre acinzentada e azulada, que se projeta para fora dos apartamentos empilhados uns sobre os outros nas cidades pequenas, médias e gigantescas de hoje, esse brilho cinza-azulado visível da rua e de longe, luz fantasmagórica e eloquentemente bruxuleante emanando dos aparelhos de

[1] Hoje aberrantemente denominada "futurismo".

TV. Os primeiros do tipo surgiram na Inglaterra, França e EUA no terço final da década de 1920, quase 20 anos depois da publicação de *A máquina parou*. E em nada se pareciam com os de hoje, a começar pelas dimensões da imagem fornecida, à época pouco maior que a metade dos atuais cartões de crédito tampouco existentes naquele momento. Em 1927 a Bell Telephone e a AT&T fizeram uma demonstração pública de televisão por fio e sem fio (*wireless*); mas o aparelho usado não era de dupla mão de direção, não era ainda aquele que permitiria *conversar com* e *ver o* interlocutor do outro lado da linha, o Skype estava ainda muito distante. A placa azulada de Forster, porém, imaginada no final da primeira década desse mesmo século 20, permite a interação e multiplica de modo radical o número de contatos e relacionamentos: "[Vashti] conhecia milhares de pessoas, sob certos aspectos as relações humanas tinham-se desenvolvido enormemente". Tal como fazem hoje o Facebook e o Twitter, com suas hordas de "seguidores". No entanto, ressalta o narrador de Forster, esse era um "desenvolvimento" apenas "sob certos aspectos" (em seguida, mais a respeito).

Nem tudo é alta tecnologia na novela de Forster: nessa mesma primeira passagem em que entra em cena a placa com sua cor azulada, a personagem de Vashti pergunta ao filho por que não enviava o que tinha a dizer pelo "correio pneumático", uma relativa velharia quando a novela foi publicada: esse tipo de correio fora inventado em 1836 pelo escocês William Murdoch com a finalidade de permitir o envio de telegramas, cartas e pequenos objetos através de tubos em cujo interior circulava ar comprimido ou fazia-se um vácuo parcial. O alcance do sistema limitava-se de início ao interior de um mesmo edifício, com as comunicações ocorrendo de andar a andar, e, em seguida, entre os edifícios de uma mesma cidade ou parte dela. Como hoje, também em Forster a tecnologia antiga convive com a nova e é essa sincronicidade de recursos disparatados que fornece à narrativa um impacto adicional de realismo.

Na novela de Forster, entre os casos de tecnologia nova à época está o dirigível, um grande dirigível, por ele ainda denominado de *nave aérea* como era costume nos países de fala inglesa (*airship*). Dirigíveis existiram desde o século 17 (1670 parece a data mais antiga); o conde Von Zeppelin fez voar em 1900 o primeiro de uma série de, no início, bem-sucedidas máquinas do céu; e em 1901 Santos Dumont fez um voo histórico do Parque Saint-Cloud, na periferia de Paris, até a Torre Eiffel, circundada de modo a permitir o trajeto de volta até o ponto de partida, em fantásticos 30 minutos. O voo do próprio Santos Dumont em Paris em um aeroplano autônomo, que dispensava a catapulta para projetar-se nos ares, deu-se em 1906; que Forster imagine três anos depois a possibilidade de alguém deslocar-se "para o outro lado do mundo" em dois dias (uma duração apropriadamente prevista: Vashti estava no hemisfério sul e Kuno, no norte) é digno de registro embora sua imaginação incida antes sobre o tamanho da nave do que na proposição de uma tecnologia inovadora. O dirigível *Hindenburg* fez em 1937 sua primeira e última viagem entre Frankfurt e Nova York, um voo de três dias (a travessia do *Titanic* deveria ter durado sete dias em 1912, um quarto de século antes, se não tivesse naufragado de modo espantoso), voo que se encerrou, na chegada aos EUA, com o apavorante desastre transmitido ao vivo pelo rádio e fotografado de vários ângulos. A descrição da nave aérea no primeiro capítulo de *A máquina parou* sugere um dirigível embora Forster, acertadamente para um ficcionista, nada diga sobre a tecnologia empregada: não era necessário: bastou dizer que a nave incluía uma passarela, corredores e cabinas para os passageiros com vista ampla para o lado de fora.[2] Essa vista já era, porém, inútil para Vashti: quando as naves haviam sido inicialmente construídas, diz o narrador, "o mundo ainda queria olhar para as coisas diretamente, o que explicava o extraordinário número de claraboias e janelas"; mas quando Vashti, relutante, empreende sua viagem, aquela vista transformara-se em algo penoso, a Terra tornara-se hostil à vida humana e Vashti não queria ver nada daquela superfície coberta, acreditava ela, apenas por lama e pó. O mundo que se podia enxergar de um dirigível pouco antes da Segunda Guerra Mundial, e que sem dúvida fornecia um espetáculo inolvidável, não atraía mais ninguém na distopia de Forster situada num futuro que o escritor adequadamente não localizou no tempo. Quanto mais desenvolvidos tornaram-se os aviões, menores ficaram suas janelas — por motivos de segurança e aerodinâmica. E projetos para os novos superaviões de um futuro próximo neste início de século 21 preveem, de fato, que não terão qualquer abertura para o lado de fora, apresentando-se como um longo tubo hermeticamente fechado, alegria dos projetistas aeronáuticos e das companhias de aviação preocupadas com consumo de combustível. No lugar da vista exterior assim escamoteada será possível, diz um relatório do *The Economist* de novembro de 2015, ver imagens do lado de fora do aparelho

---

[2] À p. 62 da novela há uma passagem sobre a queda de uma nave aérea — "Caiu despedaçando-se como se explodisse rasgando uma após a outra suas galerias unidas por anéis de aço" — que evoca de modo direto a catástrofe do *Hindenburg* em 1937, tal como ficou registrada nas fotos e filmes de época — quase duas décadas depois do lançamento da novela.

captadas por câmeras de vídeo situadas no próprio avião e projetadas em suas superfícies interiores, ao lado e acima dos assentos, ou outras imagens previamente estocadas nos sistemas de entretenimento a bordo.[3] Qualquer referência ao *lado de fora real* terá então sido suprimida — como nos quartos dos personagens de *A máquina parou*. Hoje as janelas dos aviões, protegidas por uma persiana de plástico, cumprem também uma função de segurança adicional: nas decolagens e aterrissagens, as comissárias de bordo pedem explicitamente que as persianas sejam mantidas levantadas sem explicar aos passageiros o motivo do pedido: permitir que, em caso de acidente, equipes de socorro possam ver o que se passa dentro do avião e decidir sobre o que é possível fazer (se algo for possível). Quando os aviões não mais tiverem janelas abrindo-se para fora, algum outro recurso de segurança será usado — ou nenhum.

A DERROTA DO SOL

A viagem de Vashti é marcada por outro incidente revelador: a certa altura, o sistema que controla a persiana sofre uma pane, o sol penetra na cabina e tanto Vashti quanto a aeromoça mostram-se horrorizadas com a possibilidade de terem seus corpos tocados por aquela luz. O sol talvez seja um perigo real para elas (Forster não é explícito neste ponto) ou é apenas algo do qual agora fogem por instinto, embora sem motivo real, elas que vivem abaixo da superfície e sob luz apenas artificial, sem noção do dia ou da noite. Não mais dispõem da ideia de espaço em seus quartos mínimos (os deslocamentos tornaram-se desnecessários e por consequência o espaço foi aniquilado ou, pelo menos, a ideia de espaço foi abolida, diz Kuno) e não mais têm ideia da passagem do tempo. Forster diz que a ideia do mundo subterrâneo havia sido "derrotar o sol". Esse foi o mesmo objetivo de uma certa vanguarda russa que em 1913, quatro anos após a publicação de *A máquina parou*, encenou no Luna Park de São Petersburgo[4] a ópera *Vitória sobre o sol*, escrita por Aleksei Kruchenykh com prólogo do poeta Velimir Khlébnikov e cenários de Kazimir Malevich, o mesmo que em seguida iria romper todos os padrões da arte moderna com seu *Quadrado negro*, de 1915. A razão de ser da ópera de vanguarda futurista

---

[3] Grandes navios de cruzeiro atuais projetam imagens externas sobre as laterais dos camarotes internos, visualmente sem acesso direto ao lado de fora, de modo que reduza a sensação de clausura e tornar suportável aquilo que, no passado, constituía-se em sofrível experiência.

[4] Cidade rebatizada, em 1924, como Leningrado e que em 1991, depois da queda do Muro de Berlim e do fim da União Soviética, readotou seu nome original, informalmente abreviado para Petersburgo.

era bem clara: os artistas recusavam a tutela e o autoritarismo [*sic*] do sol que até então jogava sua luz sobre o que havia para ver e sobre aquilo que, daquele modo, era possível ver — e orientava os artistas para a adequada representação da vida e do mundo. A simples existência do sol era um insulto aos artistas, diziam os autores da ópera, portanto esse corpo celeste teria de ser derrotado, banido, retirado de cena, escorraçado, negado: a única luz aceitável era a luz fabricada artificialmente pelo homem e, entre elas, a primeira de todas as luzes era a luz feita pelos artistas, a luz da arte. Teriam os autores russos lido o conto de Forster? De todo modo, logo no início do primeiro ato quatro versos daquela ópera condensam as acusações contra o sol:

> Sol, trazes as paixões
> E as escorchas com teus raios flamejantes
> Sobre ti estenderemos uma empoeirada manta
> E te jogaremos numa cela de concreto!

O pavor que Vashti e a aeromoça sentem diante do sol é de fato o medo às paixões que nos queimam e escorcham e devoram. O significado dessa imagem torna-se mais acentuado e evidente quando se sabe que Forster nasceu e se criou em Londres e tinha com o sol o mesmo comportamento heliotrópico dos britânicos que, sempre que podiam (e podem), escapavam (e escapam) para as terras ensolaradas do sul, da Espanha, Itália ou Grécia, e cujo imaginário está ocupado pela conexão entre sol, prazer e paixões — exatamente aquilo de que fogem os habitantes do paraíso-inferno retratado em *A máquina parou*. No entanto, as paixões, os amores, a sensibilidade e os sentimentos, ou o que deles resta, ainda sobrevivem dentro da Terra nesse mundo inominado de Forster, algo que fica claro quando Vashti diz ao filho que não poderá ir vê-lo por não se sentir bem naquele momento: de imediato o filho comunica-se com o médico de Vashti e, como resultado, um aparelho desce em seguida do teto sobre ela, em seu apartamento-quarto, um termômetro é encostado em seu corpo e remédios são enfiados ou colocados em sua boca por um dos tantos tubos que saem das paredes e do chão e a eles retornam uma vez cumprida a missão. O narrador anota, nessa passagem e a propósito da preocupação do filho com a mãe, que "as paixões humanas ainda se agitavam tolamente por todos os lados dentro da Máquina". Naquele mundo totalmente organizado, ou a Máquina procurou acabar com as paixões humanas ou as paixões haviam *naturalmente* perdido sentido e o perdiam cada vez mais, não tinham mais lugar (tanto que fica deslocado e se revela inadmissível, mais tarde, o gesto humano da aeromoça na tentativa de amparar Vashti quando ela se desequilibra ao buscar esconder-se do sol). Pessoas sensatas procuram o sol e preocupam-se umas com as outras, mas *aquelas* pessoas fugiam espavoridas do sol e de seus semelhantes e estavam acostumadas a sofrer sem ajuda, sozinhas e em silêncio (Kuno pergunta--se, no fim da novela e da vida, por que as pessoas não se acostumavam a sofrer em silêncio — talvez como os bons ingleses e seu rígido código de comportamento pelos quais Forster não tinha muita simpatia).

Esse é um mundo sem sol numa Terra por toda parte igual abaixo e acima da superfície em sua condição de planeta sem vida — pelo menos é o que pensa Vashti, conforme sugeria uma certa ideia intencionalmente difundida em seu mundo artificial; um mundo por toda parte igual em suas cidades subterrâneas que só se comunicam com o ambiente exterior por meio dos *vomitórios*, que permitem o acesso às naves aéreas e eram as únicas saídas, oficiais e autorizadas, daquele universo delimitado. Vashti reluta em ir ver o filho não só por não ter com ele elos sentimentais mas também por detestar deslocar-se e não ver sentido em ir daqui para lá já que tudo é igual por toda parte. Por que sair de Shrewsbury, uma pequena cidade real e tipicamente inglesa ao norte de Birmingham, para ir a Pequim se ambas são iguais? E uma vez em Pequim, por que retornar a Shrewsbury se ela é igual a Pequim, que é igual a todo o resto? Já hoje os aeroportos são todos iguais por toda parte (como os estádios de futebol: por que disputar uma copa do mundo *aqui*, seja onde for esse *aqui*, se tudo *aqui* dentro — e não raro fora — do estádio é igual a tudo *ali* em outro estádio de outro país, sobretudo quando se sabe que as copas do mundo são um evento antes de mais nada *para a televisão*?); se alguém hoje entrar num avião no começo da noite para chegar a outro hemisfério na madrugada ainda escura do dia seguinte poderá ter a perfeita ilusão de que sua viagem foi apenas no tempo e não no espaço e que ele está no mesmo espaço anterior já que tudo é igual por toda parte, com as mesmas lojas de objetos de luxo ou de lixo, as mesmas lanchonetes sem luxo, a mesma arquitetura, a mesma quinquilharia oferecida, a mesma comunicação visual, os mesmos objetos, as mesmas roupas, os mesmos tênis nos pés, os mesmos comportamentos humanos ou aparentemente humanos ou supostamente humanos. E não apenas os aeroportos tornaram-se semelhantes, as cidades também:

Shenzhen na China, ao lado de Hong Kong, é uma La Défense de Paris mais nova que em quase tudo se parece ao centro novo de Londres e de Chicago. A arquitetura modernista nasceu e se implantou com seu sonho totalitário — tolamente incensado por "progressistas" de vários tons — do "tudo igual por toda parte",[5] um pesadelo que apenas o pós-modernismo, há pouco tempo (e contra o "bom gosto" admitido, o "bom senso" consagrado e o "bem pensar ideológico" dos modernos fundamentalistas) começou a arranhar, ainda sem inteiro sucesso.[6] Na distopia de Forster, finalmente o sonho totalitário-igualitário do modernismo arquitetural e político-ideológico está implantado e sólido: todas as cidades são iguais, as naves aéreas são as mesmas por toda parte, os apartamentos-quartos das pessoas são todos idênticos não importa onde estejam, o Livro é um só, as ideias são sempre as mesmas, as próprias pessoas se parecem umas às outras (e os diferentes, ou fora de padrão, são eliminados). Ali onde a distopia de arquitetos e urbanistas, alimentados por ideologias ou apenas pela constrição da geometria, mostrou-se incapaz de tudo uniformizar rapidamente, por decreto se possível, o novo mundo tecnológico impera — graças à semente plantada por aquele mesmo modernismo estético e político.

O FIM DO CORPO

Não apenas os ambientes e as cidades são iguais: também os comportamentos das pessoas, seus discursos e o modo de falar coincidem. A aeromoça, que a novela apresenta como *atendente*, é no entanto alguém cujos modos discrepam da norma: em razão do próprio *trabalho diferenciado* que executa (ter contato direto com pessoas, algo que o restante da população habitualmente não conhece), o narrador mostra-a como uma pessoa cujos gestos e fala são algo mais rudes (ou menos codificados) do que a norma. Rudes, ou "rudes", e inesperados: quando Vashti está a ponto de cair, a aeromoça faz um gesto "incivilizado" em sua direção buscando ampará-la — e é rispidamente rejeitada: "Como se atreve! Você passou dos limites!" As pessoas não se tocavam mais, esse hábito tornara-se obsoleto graças à Máquina. As pessoas não se tocam, as pessoas não têm cheiro

---

[5] Acompanhado por outro sonho não menos pretensioso: mudar o mundo segundo seus próprios ideais, claro.

[6] Hoje, a assimetria, vibrante antídoto ao modernismo, começa a surgir em arquitetura, em Shenzhen (mais audaciosamente) e em Nova York (mais timidamente). A assimetria coloca-se sem dúvida como o novo vetor inspiracional do novo modo de representar e viver o mundo.

(Kuno irá referir-se a suas roupas, em seguida, como "higienizadas"), nada tem cheiro, algo que Vashti percebe ao sentir-se olfativamente estimulada pela grande nave aérea na qual começava a entrar. As pessoas não apenas haviam deixado de se tocar: viviam sozinhas. As personagens desta novela são em número reduzido mas é possível supor que o padrão formado por Vashti e o filho se reproduz em todas as células daquela imensa "colmeia". Quando os filhos nascem, a responsabilidade dos pais cessa, diz o Livro. Os filhos são retirados do âmbito dos pais e levados diretamente para creches públicas onde serão cuidados, em todos os sentidos, pelo Estado, termo empregado uma única vez na novela e com o sentido específico de *país*, não de entidade governativa ou poder. A creche pública sempre foi o sonho dos totalitários do século 20: o "homem novo", para poder de fato surgir, não deveria manter contato com as velhas raízes, com as maçãs podres que ainda sobreviviam — e o Estado se encarregaria de formá-lo segundo os critérios para o Estado, por meio de seu Partido único, admissíveis. O pequeno problema com os delírios totalitários alimentados nas primeiras décadas do século passado foi que alguém, algum exemplar do "homem velho", teria de ocupar-se dos recém-nascidos, dos bebês e dos jovens em formação — e assim tudo corria o risco de ser contaminado pelos antigos hábitos e crenças. A Máquina presente na realidade da distopia de Forster ainda não existia com esse alcance naquele momento da história real da humanidade, e no entanto ela seria a única maneira de criar o "homem novo" buscado ao expô-lo unicamente a uma máquina, no caso um computador ou conjunto de computadores controlados por uma inteligência artificial livre de emoções e de todas as ideias feitas e todas as crenças "ultrapassadas" como a religião, que havia sido eliminada pela Máquina e permanecido como força reprimida até o instante em que aflora de novo, no final do relato, e assume o formato (previsível) do culto à própria Máquina.

As personagens centrais da novela são o filho e sua mãe, Kuno e Vashti, não há menção a um pai embora a certa altura o narrador diga que a Máquina havia transformado o amor num ato de sexo visando apenas à reprodução da espécie: os pais, esses seres do sexo masculino, não foram abolidos (na nave aérea de Vashti viajam jovens que irão cumprir sua missão de reprodução em algum outro lugar), apenas nada se diz sobre o pai de Kuno. Talvez no início do século 20 fosse demais imaginar que a reprodução da espécie pudesse ser feita, como hoje, *in vitro*, dispensando o contato sexual direto entre pai (o doador) e mãe (a receptora). Coincidentemente, Forster perdeu o pai, que morreu de tuberculose, quando ainda não completara dois anos de idade, e sua mãe transformou-se em referência familiar e companheira de viagens com a qual morou longamente mesmo depois de adulto. Na novela, mãe e filho, no entanto, pouco contato mantêm: as crianças eram criadas pela Máquina e por ela despachadas para lugares determinados quando chegava a hora de cumprirem sua função de procriação da espécie.[7] Deve ter sido demais também, em 1909, imaginar uma Máquina capaz de dispensar totalmente o ser humano, hipótese hoje inscrita na lista das possibilidades evidentes para um futuro, conforme alguma sugestão, bastante próximo. A Máquina de Forster aparentemente serve aos humanos, abrigando-os, dando-lhes de comer, entretendo-os e protegendo-os do mundo exterior invivível. Esse, como sempre, era o antigo sonho da humanidade, pelo menos desde Homero, que imaginava autômatos para servir a seus donos e aliviá-los do trabalho e das tarefas impossíveis. Os autômatos de Homero, no entanto, não pertenciam à categoria da inteligência artificial, hoje aparentemente viável nos próximos 15 ou 30 anos segundo os otimistas (ou pessimistas, dependendo de como se enxergar o fenômeno). Uma máquina dotada de inteligência artificial não é um simples computador, embora alguns programas dos computadores de hoje já "aprendam" ou apreendem alguma coisa com base nas demandas feitas por seus usuários e sabem como servi-los rapidamente (quando alguém compra um livro na Amazon, um algoritmo indica-lhe outros aparentemente pertencentes à mesma categoria, comprados por pessoas que também adquiriram aquele primeiro livro: claro, o objetivo é menos servir ao usuário do que vender mais). Uma inteligência artificial de fato aprende por si mesma e "desenvolve sua alma" do mesmo modo que Vashti e seus contemporâneos buscavam desenvolver suas próprias almas ouvindo e "dando-se" palestras mutuamente. Uma máquina assim inteligente e poderosa não teria motivos para servir ao ser humano, do mesmo modo como um ser inteligente e poderoso nunca, na história, serviu a outro menos capaz e mais fraco. A Máquina Final, o grande computador inteligente, a *invenção derradeira* do ser humano como hoje está sendo descrita, dele não precisará para nada por ter à sua disposição tudo de que realmente necessitará para existir. Representá-la como necessitando

---

[7] A novela não indica nenhuma outra utilidade para as pessoas desta distopia, elas que aparentemente não trabalham e não precisam de dinheiro: não há menção a essa necessidade, nem a qualquer tipo de crédito financeiro que lhes seja dado. Talvez a Máquina de Forster já houvesse alcançado o estágio do "a cada um segundo suas necessidades ou desejos" — e de cada um, nada, porque nada é preciso de cada um, tudo está previsto e é fornecido.

de seres humanos para adorá-la é atribuir-lhe um caráter excessivamente antropomórfico: um ditador, ainda assim um ser humano, precisa ser adulado; a máquina desprovida de inteligência emocional (embora Siri pareça fazer piada, por vezes) não teria o que fazer com esse estorvo que é o homem. E o narrador sabe disso quando descreve que os seres humanos, se ainda podem ser assim denominados, são apenas como os corpúsculos de sangue a correr pelas artérias da Máquina que, "se pudesse viver sem nós, nos deixaria morrer". De fato, a Máquina final, presume-se, não precisará dos humanos — e Forster foi mais uma vez assustadoramente premonitório. Em 1909...

VIVER SOZINHO

De todo modo, Kuno não tem pai conhecido e não parece precisar de um (da mãe ele precisa, quer conhecer sua opinião sobre as "esperanças" que começou a alimentar); e, de todo modo, cada um vive sozinho em seu próprio apartamento descrito pelo narrador como *quarto* e que realmente não é mais que um cômodo pequeno. Esta é outra previsão aguda de Forster: viver sozinho. Dados estatísticos de 2015 mostram que um em cada quatro lares (se essa palavra ainda couber) australianos tem por morador apenas uma pessoa, que vive sozinha — índice em crescimento acelerado desde 1970. Na Finlândia, com base em dados de 2010-2011, 41% dos lares são unipessoais; e o são 48,6% dos suecos, 34,7% dos franceses, 28,9% dos britânicos, 27,6% dos italianos, 26,7% dos americanos, 25,7% dos gregos, 23,2% dos espanhóis, 8,9% dos brasileiros (neste último caso, dados de 2000-2001 apenas).[8] Será possível sugerir que os "países do sol", esse sol que fomenta as paixões e se espalha mais generosamente sobre Espanha, Itália, Grécia ou Brasil, favoreçam a vida em comum, enquanto o frio curiosamente a repele? Esse quadro estatístico é interpretado, por certo, de modos diferentes e contraditórios: para uns, é sinal de declínio do compromisso com a vida em família (ou em grupo) e aumento da fragmentação social, enquanto para outros é índice de um ganho das pessoas em termos de um estilo de vida sempre mais independente e autônomo na era da tecnologia avançada.

Vivem sozinhas, essas pessoas do mundo imaginado por Forster, e parecem-se umas às outras. A mãe de Kuno deve ser imaginada, sugere o narrador, "*se o leitor puder fazê-lo*", sem cabelo e sem dentes, nenhuma dessas coisas é mais

[8] <https://aifs.gov.au/publications/demographics-living-alone>.

necessária (os pelos que Kuno deixa crescer no rosto são interpretados por Vashti como indício de selvageria); seu corpo seria uma massa informe não fosse pelas faixas que a envolvem à falta de músculos (como faixas de panos envolviam os recém-nascidos nas primeiras décadas do século 20 para dar-lhes mais consistência e inteireza); e é por falta de músculos que ela cambaleia em direção à porta quando tem de abandonar a poltrona que a carrega pelo quarto em seus deslocamentos. De início, tampouco Kuno tem músculos, ele que decide pôr-se a andar pela plataforma do trem do lado de fora de seu quarto e praticar "levantamento de travesseiro", o máximo que conseguia aguentar. A Máquina não tem uso para pessoas fisicamente fortes (todo trabalho, parece, é feito por máquinas), elas podem ser mesmo um perigo para a sociedade mecânica, motivo pelo qual são eliminadas no nascimento: não se trata de uma prática cruel, comenta o narrador, era antes um modo caridoso de poupar decepções àqueles fisicamente superdotados que não encontrariam aplicação para suas energias num mundo previsto e contido. Forster faz neste livro uma elegia ao corpo e coloca no mesmo nível a essência do espírito e a essência do corpo, tão divina esta quanto à da alma e que deveria ser igualmente atendida e desenvolvida. Na novela, o corpo dos humanos, no entanto, estava em decadência depois de séculos de maltrato a seus músculos e nervos, de menosprezo a seus cinco sentidos vitais e fora transformado em polpa esbranquiçada como um fungo, mera "sede de ideias igualmente sem cor", o exato oposto dos corpos dos combatentes que no passado, acima da superfície, diz o narrador, haviam derrotado os dinamarqueses e ainda viviam, em seus descendentes, no *lado de fora*, no mundo onde continuava a haver colinas e uma vegetação que, segundo Vashti, era a única coisa que podia sobreviver lá fora. Mas Kuno sabia mais e sabia melhor, ele se encontrara com alguns daqueles seres que apenas esperavam pela derrota da Máquina e dos humanos informes e branquelos para retomar um mundo que já fora deles. Ser homossexual num ambiente britânico formal e legalmente avesso ao que era visto como um desvio da norma levou sem dúvida Forster a dar ao corpo seu devido valor. Não escondeu suas preferências sexuais dos amigos próximos mas nunca as assumiu publicamente; manteve um longo relacionamento com um homem casado embora ele mesmo, Forster... vivesse sozinho — ou com a mãe. O massacre do corpo e dos sentidos, como da paixão, transparece de modo claro em *A máquina parou* e não pede argúcia privilegiada para ser detectado. Ao final, porém, o corpo retoma seus direitos quando mãe e filho conseguem tocar-se e beijar-se pouco antes de morrer. O romantismo desse quadro é reforçado pela visão idílica do "mundo lá fora" que estaria pronto para

PAISAGEM COM RISCO EXISTENCIAL 75

ser retomado por aqueles que por lá haviam permanecido e que voltariam a ser os senhores da Terra. Os fracos e omissos, Vashti e o próprio Kuno, são punidos pela entrega total à Máquina, pelo conformismo, pela pusilanimidade; mas a humanidade, ela, e esta é a última mensagem do incorrigível otimista Kuno, ainda tinha uma saída.

O HUMANISMO DE FORSTER

Forster era um humanista no sentido clássico da palavra. Foi presidente da Sociedade Humanista de Cambridge entre 1959 e 1970, ano de sua morte, e membro do Conselho Consultivo da Associação Humanista Britânica a partir de 1963 e também até seu último ano de vida. Sua crença humanista pode ser resumida nos quatro traços por ele mesmo apontados como próprios do homem realizado e desenvolvido: curiosidade; mente livre e aberta; bom gosto; crença na raça humana. Essas quatro características, ou a ausência delas, estruturam os dois personagens centrais da novela. Kuno é *curioso*, Vashti não; Kuno tem uma *mente aberta* e livre de preconceitos, entre eles o da religião, mas sua mãe é o inverso; Kuno tem o *bom gosto* de perceber que suas roupas higienizadas são uma mortalha e é capaz de notar a beleza das colinas do mundo exterior, no qual Vashti nada encontra de interessante para ver (olhar o mundo da nave aérea não lhe dava ideia alguma, ela diz),[9] e Kuno *acreditava na raça humana*, pelo menos naquela que estava "lá fora", enquanto Vashti não (em seus instantes finais ela acredita que algum idiota sem dúvida religaria a Máquina outra vez). Como a Máquina é a encarnação do mal e como ela é afinal destruída ou se destrói a si mesma (por alguma impossibilidade intrínseca de continuar existindo, supõe-se, já que nenhum ato de sabotagem é relatado: a Máquina carregaria em si, na visão romântica do escritor, seus próprios germes destruidores),[10] não é exagerado

[9] Vashti não tem "ideia alguma" em mais de um momento: não a tem olhando a paisagem que lhe possibilita a nave aérea, nem na viagem aérea em si, nada. As cidades são todas iguais e esse traço cultural compreensivelmente anularia a ideia de ver alguma coisa nova, pensar algo novo. A uniformidade, porém, cancela algo mais: anula o desejo, a vontade: os habitantes do mundo subterrâneo de Forster, à exceção de Kuno, não têm desejos ou não têm outro desejo a não ser "ter ideias". As ideias que podem ter, no entanto, são o contrário mesmo da ideia real e, portanto, do desejo. A leitura, por exemplo, anotou Marcel Proust (*La lecture*, Actes Sud, Arles) existe (quase escrevo: existiu...) para dar-nos desejos não conhecimento, acrescento eu. Mas essa faculdade foi removida dos habitantes subterrâneos de Forster, que não querem sair de sua caverna de simulacros. E está sendo erradicada igualmente de alguns países reais, como este Brasil.
[10] Ressoa aqui a profecia marxiana, incumprida, de um capitalismo com seus germes ou vírus próprios que o levaria à autodestruição. Uma hipótese mais científica da destruição da Máquina seria considerá-la como um sistema fechado no qual a entropia (medida de desordem) sempre aumenta — nesse caso, aquele mundo teria chegado a seu limite. A entropia do universo subterrâneo, no entanto, aparentemente não "contaminaria" o mundo acima da superfície no qual Kuno, e o escritor

aproximar Forster dos ludditas, termo com que se denominou os integrantes de um movimento de oposição ao uso crescente de máquinas na produção econômica da Inglaterra do século 19, em particular entre 1811 e 1816 quando se registraram atos de sabotagem contra o maquinário que se introduzia sobretudo nas tecelagens, eliminando empregos. Essa denominação teria derivado do nome de um Ned Ludd que em 1779 destruíra duas máquinas daquele tipo. Forster está escrevendo sua novela nos primeiros anos do século 20 quando os automóveis já começam timidamente a tirar de cena o transporte por tração animal, num momento em que a *vida moderna* urbana consegue reunir contra si a opinião de inúmeros (e dos melhores) escritores e artistas que viam na cidade moderna o verdadeiro inferno sobre a Terra. Na novela, os céus estão poluídos pelas naves aéreas assim como as ruas da Inglaterra real o eram pelos "motores terrestres", o que faz de Forster no mínimo um ecologista *avant la lettre*[11] — um amante de paisagens com colinas e vegetação que Kuno descobre existir "lá fora" — tanto quanto um luddista ou, em todo caso, um opositor da máquina. Uma situação que ele consegue enxergar em sua real dimensão e importância ao descrever como, no encerramento do relato, o fim da Máquina fazia cessar a possibilidade de vida humana uma vez que tudo era por ela controlado, a comida assim como os remédios, o entretenimento tanto quanto os deslocamentos das pessoas (de resto cada vez menos frequentes). O cenário descrito na novela é bem próximo ao de hoje, quando uma pane nos grandes computadores em torno dos quais se organiza toda atividade humana — do controle do tráfego aéreo à coordenação dos metrôs, das bolsas de valores aos hospitais e tudo que

Forster, colocam suas esperanças. Duas histórias paralelas se desenvolveriam no mundo ampliado de Forster, uma sobre a superfície da Terra (a história positiva) e outra abaixo da superfície (a história negativa). A positiva prevalece, ao final. Não parece que o universo, nem este mundo chamado Terra, possam ter a mesma sorte... De todo modo, embora as primeiras noções relativas à entropia possam datar de Newton e tenham sido desenvolvidas pela teoria científica do início do século 20, não há indício de que Forster tenha se baseado nelas, cuja popularização ocorreu depois de 1909. Que nem mesmo o otimista Kuno possa sobreviver ao cataclismo é interessante: tudo que pertencia ao sistema entrópico precisa ser com ele extinto, como se o mundo subterrâneo fosse um buraco negro do qual nada pode escapar — salvo o mundo positivo acima da terra...

[11] Em 1909, data da publicação da novela, o mundo ainda nem havia começado a viver a "era do automóvel" e, portanto, o exaurimento dos recursos naturais do planeta, entre eles o petróleo, não era ainda uma *questão* — não uma questão pública, em todo caso. Mas, à p. 54, o narrador/Forster é claro: "[...] a Humanidade, em seu desejo de mais conforto, fora longe demais. Havia explorado excessivamente as riquezas da natureza. Quietamente, complacentemente, a humanidade mergulhava na decadência e *progresso* agora significava apenas *progresso da Máquina*." Os habitantes do mundo subterrâneo de Forster estão convencidos de que o meio ambiente da Terra não era propício mais à vida humana, que seu ar se tornara irrespirável e que tudo era pó e lama. Kuno, que experimentou a dureza daquele ar exterior, no entanto descobriria lá fora "colinas e vegetação", além de outros seres humanos. E na última linha da novela, há até sinais de um "céu limpo". Mesmo assim, o narrador é incisivo: a humanidade, em sua busca de mais conforto, explorara a natureza para além da conta — já em 1909...

PAISAGEM COM RISCO EXISTENCIAL 77

se possa imaginar neste mundo em que a *conexão universal* se torna cada vez mais viável e impositiva — paralisaria a vida no planeta. O pânico menos ou mais compreensível experimentado ao redor do ano 2000, com a possibilidade de que um "bug do milênio" tornasse inoperante toda a vida humana dependente dos computadores, foi um bom sintoma da dependência do homem em relação à *máquina final*, como aqui na novela de Forster. A diferença é que *no lado de fora*, na novela de Forster, havia uma humanidade primitiva que repovoaria o mundo; hoje essa possibilidade é um pouco menos plausível por não haver mais, no mundo real, esse "lado de fora", tudo parece já estar indeslindavelmente conectado num único *lado de dentro*.

FIM DA EXPERIÊNCIA DIRETA, COMEÇO DA TRANSCENDÊNCIA

Esse ser humano que habita a Máquina ainda não está totalmente fundido com ela ou fundido nela. Essa fusão e confusão entre o orgânico (a vida humana, a natureza) e o fabricado (a máquina) é apresentada por alguns, hoje, como a *transcendência,* momento em que o humano supera a si próprio rumo a algo maior do que ele, mais poderoso e mais brilhante do que ele, na direção de uma grande "sopa" universal de mentes brilhantes que tomaria conta do universo — em outras palavras, quando o homem-sopa, esse homem misturado a tudo, esse homem-universo, estiver por toda parte, no começo e no fim da história, como o grande deus sonhado e enfim realizado. O mundo da novela de Forster ainda é um mundo *no meio* do caminho entre o velho e o totalmente novo, um mundo de passagem. E é um mundo da *mediação*: nele não há espaço para a *experiência direta* — experiência das coisas, do mundo, da vida, do próprio corpo, do corpo do outro. A comunicação entre os humanos faz-se por meio da placa com luz azulada que, diz Kuno, oferece uma *imagem* que se parece com a da mãe mas que não é ela e por meio da qual Kuno *ouve* algo que se parece com a voz da mãe mas que não é a voz dela. Ele tem consciência disso, mas parece ser o único: para os outros, a *coisa em si* e a *coisa representada* são indistinguíveis. Esse é outro motivo pelo qual o frio corre rápido pela espinha quando se pensa no papel central do telefone celular na vida sempre mais solitária das pessoas, hoje, e na vida relacional dessas pessoas: sentados ao redor de uma mesa de restaurante, marido e mulher ou namorado e namorada olham agora para seus respectivos aparelhos nas mãos muito mais do que um para outro. E caso digam alguma coisa um para o outro, o fazem estimulados pelo que veem em suas pequenas telas, não pelo que sai de suas cabeças. A dependência do ser humano em relação à máquina é enorme, se não total. Não é de agora, a rigor: em meados do século passado, os adolescentes passavam o tempo livre pendurados no telefone, conversando com outros adolescentes; a diferença é que agora não parece haver limite mínimo ou máximo de idade para essa dependência, um mesmo e dominante comportamento generalizou-se. Esta já é há algum tempo uma sociedade da mediação — da mediação política no exercício da democracia possível, da mediação econômica e de tantas outras. Agora, essa mediação ampliou-se e radicalizou-se. A fotografia funcionou a seu tempo com o mesmo papel de mediação: as pessoas viajavam (viajam), tiravam (tiram) fotos dos locais visitados, de si mesmas nesses lugares, e, de volta a seus países e suas casas, viam-se (veem-se) nas fotos, preferencialmente mostradas aos amigos e parentes, para então dizerem-se: "estive *aqui*" e ter alguma consciência, fugaz embora, de que *ali* haviam estado. A vida em retrospecto, a vida *depois*, a vida vista pelo espelho retrovisor. Um outro modo de dizer "a vida bastante", assim como o narrador diz que as pessoas habitantes da Máquina[12] há muito haviam se acostumado a achar as coisas "suficientemente boas", boas o bastante. Tudo, ali, é apenas *bom o bastante*: a imagem, a voz, a comida. Até mesmo as ideias. De resto, aparentemente a única coisa que as pessoas fazem é "ter ideias",[13] não há nada mais com que se ocupar, nada a produzir, nada a dar e oferecer ao outro a não ser ideias — que nunca são ideias retiradas

[12] É o momento de lembrar Le Corbusier e sua "máquina de morar", como ele se referia às casas e apartamentos da nova arquitetura tal como teorizados em seu *Vers une architecture*, de 1923. A ideia da *máquina* continua no ar em todo esse momento inicial do século 20. Em 1928, Mário de Andrade publica *Macunaíma*, obra na qual uma das personagens é a máquina, essa "deusa forçuda" presente por toda parte na *cidade grande* sob a forma, por exemplo, da máquina-telefone (quando o objeto, como um telefone, torna-se familiar, ele perde ou oculta sua natureza e seu rótulo de máquina, assim como hoje o computador, tornando-se banal, perde sua característica de inteligência artificial). Em *Macunaíma*, "os homens é que eram máquinas e as máquinas é que eram homens"; "os homens construíram a máquina e mandam nela mas ela os mata." A profecia de Forster é outra vez aqui confirmada. Entre 1915 e 1923, Marcel Duchamp elaborou sua obra *Le grand verre ou La mariée mise à nu par ses célibataires, même* cuja parte inferior ele designava pela expressão "máquina solteira". Em *A colônia penal*, escrito em 1914 e publicado em 1919, Kafka imagina uma máquina que grava no peito do condenado, até matá-lo, a sentença que o condenou. A máquina foi o grande espantalho da civilização no início do século 20 — e havia razão para isso, quando se pensa nas máquinas apavorantemente mortíferas da Primeira Guerra Mundial, 1914-18. G. K. Chesterton, outro contemporâneo de Forster, também tinha suas reservas a respeito da máquina mas na disputa entre os progressistas e os conservadores não tomava o partido de nenhum lado: dizia que era próprio dos progressistas continuar cometendo erros e, dos conservadores, impedir a correção desses erros: magnífica metáfora para a esquerda e a direita. Em Forster, o erro da máquina não é corrigido: ela é destruída pelo escritor, ela se destrói na narrativa; sua distopia termina romanticamente com um aceno positivo para a humanidade.
[13] Na arte contemporânea já parece suficiente ter uma ideia, apenas... A coisa, o objeto de arte é dispensável.

da experiência direta: também as ideias são mediadas. Nesse momento a posição de Forster, o escritor, *o artista*, vem outra vez para a frente do palco para posicionar-se contra os pensadores, *os intelectuais*. Edgar Degas, o pintor e escultor de bailarinas, durante algum tempo contemporâneo de Forster, era da mesma opinião: "o problema da humanidade", escreveu, "vem sempre dos arquitetos e dos pensadores, responsáveis por tudo que há de errado no mundo". Degas era um sensorialista, como Forster igualmente se declarava sem dizê-lo explicitamente na novela. Como humanista ("o homem é a medida das coisas", o narrador diz), Forster é um sensorialista: tudo que é possível captar e entender vem pelos sentidos e de modo direto. Na novela, porém, as pessoas são convencidas por palestrantes[14] a nunca procurarem uma ideia "de primeira mão"; melhor mesmo se a ideia fosse de "décima mão", quer dizer, uma ideia que alguém descobriu por tê-la ouvido de outro alguém que a recebeu de uma terceira pessoa que a colheu de uma quarta e assim por diante.[15] Essas eram as *ideias bastantes*: nunca uma ideia original, sempre a ideia oriunda do relato de outrem sobre alguma coisa que esse outro de fato tampouco experimentou. Aqui, Forster não está fazendo uma crítica ao futuro mas a seu próprio mundo contemporâneo e ao universo por ele vivido, um universo do conhecimento vicário, do conhecimento teórico, abstrato e abstraído. A produção do conhecimento é vicária e a experiência do conhecimento, bem como das emoções e sensações, também o é. As personagens da novela estão completamente imersas na caverna de Platão e o que veem, se não nas paredes de seus quartos subterrâneos, pelo menos em suas placas

[14] Palestrantes, esses que dão seu recado em dez minutos, diz o narrador; hoje as palestras TED (Technology, Entertainment, Design) não devem ultrapassar 18 minutos; Forster viu bem e viu longe, outro motivo para o frio na espinha do leitor.

[15] Uma *ideia* deveria ocorrer a alguém em virtude de seu próprio esforço intelectual intencional ou de um insight, uma intuição; somente as ideias próprias têm o poder de mover a vontade com toda sua força — e nesse aspecto aproximam-se da verdade. Os espíritos livres não recebem ideias de outros (não de um partido político, nem de uma seita — mas o fascínio da submissão e da transferência da própria vontade a um terceiro é enorme...). No mundo uniforme de Forster, contrariamente, todos são conclamados a receber suas ideias de terceiros, a "terem" ideias de segunda mão, décima mão. O *desejo* foi eliminado do mundo uniforme em que a máquina tudo decide e nesse mundo não há verdades próprias, autônomas. É decisivo que nesse mundo as pessoas (ou "pessoas"; seres pensantes certamente não são) vivam no interior da caverna (Forster certamente leu Platão) que é o quarto de cada uma. De fato, a falta de curiosidade é talvez o dado de partida, o princípio de "funcionamento" do ser humano adulto, cabendo à arte o papel de "erguer parcialmente para nós o véu de feiura e insignificância que nos deixa 'incuriosos' diante do universo" (Marcel Proust, *Contre Sainte-Beuve*). Os habitantes do mundo de Forster, contudo, não conhecem a feiura, nem a beleza, nem a insignificância, assim como não conhecem o dia e a noite. A mente é um "belo milagre" (ou o milagre do Belo), sugere Marilynne Robinson (*The Givenness of Things*, 2015). Esse milagre não mais existe no mundo subterrâneo da Máquina e com ele foi-se a mente humana. Os "integrados" (*remember* Umberto Eco com sua oposição entre integrados e apocalípticos) da inteligência artificial propõem a fusão do homem com a máquina como o mais belo milagre. A ver.

de luz azulada, são as *sombras* das coisas reais de um mundo "lá fora" (em todo caso, um mundo fora da placa com cor azulada). Dentro da caverna, tudo é falso, tudo é simulacro — o próprio corpo é um simulacro de corpo, assim como as ideias são simulacros de ideias. Kuno resiste, Kuno reage — mas também ele foi corrompido e, portanto, não tem salvação apesar de sua boa vontade e de seus lampejos de consciência: só quem *nunca* entrou na caverna poderá ser salvo. Hoje, 2015, ninguém mais está fora da caverna eletrônica e computacional, que ainda por cima é assediada pelas forças da barbárie pré-maquinal mas que também se serve da máquina para destruir os sinais restantes de civilização. Nem mesmo os signos exteriores do que seja uma civilização, como a literatura e a poesia, deixam de ser simulacros: no mundo subterrâneo há máquinas que, a um pedido, *entregam* literatura e poesia; o narrador não explica como são feitas mas tudo indica que são geradas pela máquina, elas também — tal como hoje, 2015, milhares de informes econômicos publicados em jornais e revistas são redigidos inteiramente por computadores, do mesmo modo como muitas outras coisas podem ser escritas por computador, de programas de governo (algo que de fato não exige muita humanidade e originalidade, dada a inanidade previsível) a resenhas de jogos de futebol e crônicas de cinema. Mesmo a literatura e a poesia não estão a salvo da máquina: um professor da INSEAD, em Paris, diz ter escrito, com um algoritmo por ele criado, um milhão de livros de ficção, cem mil dos quais estariam à venda na internet. Não é uma impossibilidade: a língua, defendeu Roland Barthes, é um sistema que fala o homem muito mais do que se entrega ao homem para ser por ele falada — e isso é a cada dia uma evidência bem maior do que quando Barthes escreveu sua *Aula*, em 1977. O ser humano é um suporte da língua, muito mais e muito antes de ser suportado por ela — e a ficção de Forster já é, sob esse aspecto, uma realidade claríssima e incontestável neste ano de 2015.[16] Dentro da caverna que é o quarto de Vashti tudo escapa ao controle do ser humano porque tudo se acelera, imagens e vozes e falas e ideias falsas — "nestes tempos acelerados", escreve Forster, uma frase que poderia ser escrita hoje — e tudo provoca uma irritação crescente nas pessoas, que não suportam mais o mínimo atraso em seus desejos de conexão com o mundo: como hoje.

---

[16] Cf. meu *Com o cérebro na mão*. São Paulo: Iluminuras/Itaú Cultural, 2015.

A MORTE AINDA VENCIA, TALVEZ NÃO MAIS

O cenário pintado por Forster não é uma previsão perfeita do que poderia acontecer no futuro. Quando Kuno sai a exercitar-se nas plataformas que se superpõem até alcançarem a superfície, ele as encontra todas idênticas umas às outras, assim como todos os quartos de todas as pessoas são idênticos no imaginário mundo da novela. Sob esse aspecto, é possível lembrar que o receio da homogeneidade teria sido ou poderia ser superado pelas máquinas digitais agora cada vez mais aperfeiçoadas e que tornam ou tornariam possível, a baixo custo, a diversidade máxima, as opções mais diversificadas possíveis para um mesmo produto básico ou para uma realidade: fazer o diferente não teria mais um custo abusivo, de modo que escolher a uniformidade seria não apenas indício de preguiça mental mas também um desejo de padronização capaz de tornar o controle sobre as pessoas mais simples, fácil e eficaz.

Na mesma linha de supostas falhas ou insuficiências de imaginação de Forster (a realidade resultante da inteligência global sempre supera a mais fértil imaginação individual), as pessoas do mundo da Máquina *ainda morrem*; Forster não conseguiu ou não se permitiu prever um tempo, cada vez mais próximo e (tudo indica) mais possível, em que apenas tornariam-se velhos e morreriam os que assim quisessem ou não tivessem recursos para pagar-se uma juventude e uma vida eternas, tão eternas quanto aquelas sonhadas pelos imortalistas- -biocosmologistas russos com os quais se relacionavam os autores da ópera *Vitória sobre o sol* nos primórdios de uma revolução comunista que abraçou, mesmo em sua cúpula dirigente, a utopia da vida sem fim. O que poderia ser um problema da narrativa de Forster, uma falha na futurologia do texto, é contrabalançado por outros achados pertinentes, como o receio de Vashti a expor-se aos olhares dos outros passageiros: naquele mundo, os outros são abordáveis quando o contato se faz pela mediação da máquina, assim como hoje, "aqui fora", são inúmeros os exemplos repertoriados de pessoas que só conseguem comunicar-se por meio do celular, sem mencionar o caso de um autista que rompeu seu isolamento comunicando-se (ou "comunicando-se") com a voz de Siri em seu iPhone: falar com um humano é complicado e tortuoso, a voz digital soa mais amigável, mais *friendly*, como no filme *Ela (Her)*, de 2014. As dificuldades dos humanos em aproximar-se do outro, do *estranho*, do *estrangeiro*, é bem visível e pode ser vista em qualquer trem ou metrô alemão, por exemplo, onde as pessoas que se sentam num banco de dois lugares invariavelmente ocupam o assento a seu lado com alguma sacola ou mochila de modo a impedir sua ocupação por alguém, só a retirando dali se diretamente solicitadas a fazê-lo: o ser humano urbanizado parece querer sempre criar uma bolha protetora a seu redor, afastando o outro, o estranho, o intruso, tanto quanto possível. Compreensível, talvez. Mas essas são questões menores nesta narrativa, questões de resto previstas pelo próprio autor que pedia de seus leitores duas *qualidades*, como as designava: *humildade* e *suspensão do senso de humor*. Humildade porque sem ela "não se ouvirá a voz do profeta", no caso ele mesmo, Forster; suspensão do senso de humor porque, sem isso, os leitores rirão do profeta em vez de ouvi-lo. Na verdade, não há nada risível em *A máquina parou*: o cenário é assustador, aterrador. E se o texto peca por algo, o faz por ficar aquém do real atemorizante hoje possível. Com uma agravante: no século 18 ou 19 era possível quebrar as máquinas e defender essa destruição; hoje, cabe perguntar se é sequer realista manifestar-se contra a máquina, quanto mais quebrá-la. A vida humana sempre foi um equilíbrio instável entre o paraíso e o inferno e cada nova etapa coloca-a outra vez mais perto daquele e deste, ao mesmo tempo.

A HUMANIDADE SOBREVIVERÁ À CIVILIZAÇÃO?

Em 1908, Forster anotou num diário suas reações a um voo experimental de que teve notícia, um voo de pouco mais de um quilômetro cumprido em 90 segundos. O escritor viu o mundo novo "chegar rapidamente, se eu viver bastante verei os céus tão empesteados quanto estão as ruas e estradas. Será uma nova civilização. Nasci ao final de um tempo de paz [Forster parece pressentir a devastadora guerra que eclodiria seis anos depois] e a única coisa que posso sentir é desespero. A ciência, em vez de libertar o homem, escraviza-o à máquina. As nacionalidades desaparecerão mas a fraternidade não sobrevirá. [...] Deus, que futuro! Os campos cheirarão a petróleo e as naves aéreas balançarão as estrelas nos céus. Para fazer frente à nova condição, o homem terá uma alma nova e talvez maior. Mas uma alma como a minha será esmagada". Forster dizia, não que o novo mundo será o inferno, mas que o novo mundo e os novos tempos seriam um inferno *para ele* (como o são para todos que chegam ao fim de sua geração ou de seu tempo e veem o futuro aproximando-se com toda sua carga de incompreensibilidade e espanto). Ainda não é *de todo* possível dizer se ele estava certo ou errado sobre o inferno futuro. Mas uma coisa é certa: o homem de que ele falava, e o homem de hoje, 2015, não é mais o homem do século 19, nem o do século 18; e um novo homem pede um novo conceito de homem, de ser humano, assim como um novo conceito de civilização. A advertência de Walter Benjamin — "A humanidade prepara-se para sobreviver à civilização" — precisa ser ouvida e desdobrada e as perguntas que se podem fazer a partir dela são muitas: a humanidade de fato prepara-se para *isso*? E a humanidade prepara-se para sobreviver à civilização num estado de barbárie? Ou sob a forma de nova civilização? E qual será ela? Conseguirá superar o *risco existencial* representado pelas máquinas inteligentes, esse risco[17] que coloca a humanidade diante de consequências amplamente negativas que nunca poderão ser corrigidas ou revertidas uma vez efetivadas?

A CULTURA DA CATÁSTROFE EXISTENCIAL

O frio na espinha torna-se mais intenso à medida que se nota, na novela de Forster, questões fundamentais sobre as relações entre o ser humano e a máquina — e a supermáquina, o computador — nesta época em que um e outra se aproximam, com toda aparência, do surgimento da Inteligência Artificial, definível como a máquina capaz de superar todas as atividades intelectuais de qualquer ser humano por mais inteligente que este seja, a invenção derradeira, a *ultimate invention* que a humanidade faria ou teria de fazer. Isso, desde que essa máquina seja dócil o bastante para permanecer sob controle.

Nada de fato indica explicitamente, no texto de Forster, que a máquina ali representada seja um computador, menos ainda uma forma de inteligência artificial. É difícil, porém, pensar (retrospectivamente, na história) em outra hipótese. A familiaridade que Forster pode ter experimentado com a ideia do computador não é evidente, sem ser impossível. Um outro inglês, o matemático e filósofo Charles Babbage, nascido em 1791 e falecido em 1871, oito anos antes do nascimento de Forster, e considerado pai dos computadores atuais, inventou uma máquina a que deu o nome de Máquina ou Motor Analítico. Em 1801, 78 anos antes do nascimento de Forster, Joseph Marie Jacquard inventou na França um aparelho que usava cartões perfurados de madeira para tecer automaticamente. Já na segunda metade do século 19 a população dos EUA crescera tanto que a quantificação do censo sem o recurso de algum tipo de maquinismo levava sete anos: algo tinha de ser feito. E Herman Hollerith, que

---

[17] Por vezes referido como X-risk (risco X), certamente em alusão aos X-sports ou esportes radicais — com a fatal diferença de que o X-risk é certamente radical porém jamais esporte...

deu nome ao demonstrativo de pagamento de salários ainda hoje utilizado, em 1890 projeta seu sistema de cartão perfurado capaz de lidar com os dados do censo no prazo de três anos, com enorme economia para o governo: a empresa por ele fundada viria a ser aquela que hoje se conhece como IBM. E em 1936, Alan Turing, como popularizado pelo recente filme *The Imitation Game* (2014), desenvolve o projeto de uma máquina universal capaz de computar "o que fosse possível computar" e com a qual decifrou o código de comunicação nazista, colaborando assim para abreviar a Segunda Guerra Mundial e garantir a vitória dos Aliados. Aquela que ficou conhecida como "A máquina de Turing" é a base do computador atual.

Forster, assim, viveu o suficiente para ter informação sobre o computador (morreu em 1970); mas em 1909 essa não era uma *questão* como é hoje, embora a máquina que controla o mundo subterrâneo de sua novela só possa ser do tipo "computador" ou inteligência mecânica. O indício mais revelador dessa condição é o "dispositivo reparador" que, nas palavras de Kuno, envia atrás dele um "verme esbranquiçado" que faz uma varredura na superfície da Terra para ali capturar "tudo que se move", Kuno inclusive, e levar de volta para o mundo subterrâneo esses elementos perturbadores da ordem estabelecida, a ordem maquínica. É esse mesmo dispositivo que conserta os problemas gerais surgidos naquele mundo (até que não o faz mais) e que em combinação com outros atende a todas as necessidades dos humanos. Não há, no texto, nenhuma indicação de que por trás da máquina exista uma inteligência humana, seres humanos. Ao contrário de outras distopias,[18] em *A máquina parou* não existem humanos que

---

[18] Forster cria em sua novela um mundo subterrâneo, uma distopia subterrânea. Seu texto é, a rigor, uma ficção científica, gênero do qual o autor grego Luciano (120 a.D.–c. 180 a.D.) foi um dos iniciadores com sua *História verdadeira* que põe em cena uma viagem à lua (nos termos de hoje, uma *jornada nas estrelas*), em texto considerado antecessor das obras de Voltaire (e seu *Micromégas*, publicado em 1752), de R.E. Raspe (com *As surpreendentes aventuras do Barão de Munchausen*, 1785), de Jules Verne (*Da Terra à Lua*, 1865) e outros. (Denis Molino prepara uma tradução, para 2019, do texto de Luciano, diretamente do grego arcaico). A "ficção científica subterrânea" é um subgênero, com suas viagens ao centro da Terra (Jules Verne outra vez) ou a algum ponto abaixo da superfície do planeta. A ideia de um *mundo paralelo* "underground", povoado por criaturas depois extintas, por alguma *civilização perdida* ou por *alienígenas* vindos do espaço exterior, explora o mundo *lá de baixo* depois que a exploração imaginária do universo interstelar *lá de cima* já se esboça. A lista dos mundos subterrâneos é grande e inclui Dante, cujo Inferno assume o formato de uma vasta caverna em algum ponto no interior da Terra, à qual se entra por um lado e da qual se sai por outro. J. R. R. Tolkien situa abaixo da superfície seu reino de Angband. Entre tantos outros textos pode-se mencionar *Symzonia* (1820) com seu continente subterrâneo e cuja denominação alude ao americano J. C. Symmes, escrita talvez por Nathaniel Ames. Antes, e pouco citado, veio à luz, de Giacomo Casanova (o mesmo Casanova das *aventuras galantes*, como é reduzidamente apresentado), uma *Histoire d'Edouard et d'Elisabeth qui passèrent quatre-vingts-un ans chez les Mégamicres, habitants aborigènes du Protocosme dans l'intérieur de notre globe (Icosaméron)* [A história de Eduardo e Elisabeth que passaram oitenta e um

oprimem outros humanos, diretamente ou por meio de máquinas. Não há um *eles* que *nos* oprimem: tudo leva a crer que foi o *nós*, que foi esse *nós* quem criou as condições em que todos vivem debaixo da terra. Deu-se origem ao desastre, lá atrás, e ele instalou-se devagar, aceito e reivindicado por todos. O *nós* oprimiu e oprime a si mesmo, *nós* decidimos criar as condições de nossa opressão sem dela ter conhecimento claro — apesar das advertências. A rigor, naquele mundo não há sequer oprimidos, salvo Kuno: todos se sentem perfeitamente felizes[19] e até os instantes finais daquele sistema ignoram a iminente *catástrofe existencial* que sobre eles se abaterá.[20] A expressão *catástrofe existencial* é do filósofo sueco, e diretor do Future of Humanity Institute da Universidade de Oxford, Nick Bostrom (nascido em 1973), utilizada em seu *Superintelligence: Paths, Dangers, Strategies*[21] para designar a condição da humanidade confrontada por uma inteligência artificial sobre a qual não tem nenhum controle e que pode, por

anos entre os Megamicros, habitantes aborígenes do Protocosmo no interior de nosso globo (Icosameron)], publicado em Praga em 1788 (em alusão direta ao *Micromégas* de Voltaire) e concluído um ano antes no Castelo de Dux (depois Duchkov, na Boemia, hoje República Checa) onde o autor era o bibliotecário do conde Von Waldstein e onde veio a falecer. "Icosameron" é um termo grego que se analisa em dois componentes, *icosa*, vinte, e *mero*, parte: Eduardo e Elisabeth relataram durante vinte dias, em vinte partes, ao regressarem, sua viagem pelo mundo dentro da Terra. Autor que dialogou com os artistas e intelectuais de seu tempo (entre eles Mozart e o próprio Voltaire, a quem tratou de convencer da superioridade de Ariosto sobre Tasso), no *Icosaméron* Casanova constrói obra que cabe bem no gênero da ficção científica com sua previsão dos automóveis, lâmpadas elétricas, telégrafo, radioatividade (que no romance era enfrentada pelo casal central de personagens por meio de uma apropriada caixa de chumbo: nada disso Casanova podia conhecer no século 18). Forster pode ou não ter lido Casanova mas dificilmente desconheceria *Erewhon* — anagrama de *Nowhere, lugar algum* ou *utopia*, o não-lugar — publicado por Samuel Butler em 1872 em sua mesma Inglaterra. *Erewhon* não é uma "utopia positiva" (não existe isso), nem uma distopia como a do próprio Forster; é, antes, uma sátira, como apropriado neste gênero (ver Swift e seu *Gulliver*, por exemplo), à sociedade vitoriana. Na perspectiva da novela de Forster, interessa destacar que em *Erewhon* não existiam máquinas, vistas como ameaça ao homem sob mais de um aspecto. Em *Erewhon* há uma parte inicial conhecida como "O Livro das Máquinas" na qual o autor experimenta diferentes ideias, inclusive uma que hoje está na pauta básica das discussões científicas: a possibilidade de que as máquinas desenvolvam uma inteligência e uma consciência como as humanas, ideia que Butler derivou da teoria evolucionista de Darwin cujo livro lera logo após seu lançamento, em 1859, e cujas análises respeitava. Hoje, a passagem da inteligência orgânica do homem para a condição de uma inteligência artificial (IA) centrada na máquina é descrita por muitos como outra etapa da evolução ou, diretamente, como *transcendência*. *Erewhon* não tem máquinas e isso pode ser entendido como uma herança luddista em Butler (cf. p. 77 deste ensaio) — que no entanto expressamente observou, em livro posterior, jamais ter sido sua intenção menosprezar ou criticar Darwin. De todo modo, Forster certamente conhecia Lewis Carroll que em 1865 publicou *Alice no país das maravilhas*, inicialmente intitulado *As aventuras de Alice no subsolo* (*Alice's Adventures Under Ground*). Tanto em Carroll como em Forster comparecem o espírito crítico, naquele com ironia divertida, neste em tom trágico.

[19] Numa conversa recente com jovens estudantes chineses foi-me dito, mais de uma vez, que, como tudo parece ir bem e ir cada vez melhor, eles se esforçam por sentir-se felizes na China de hoje, 2018...

[20] Na novela existe uma única cena de opressão explícita: aquela em que o Dispositivo Reparador envia um tentáculo para *apanhar* (talvez esse termo caiba mais do que *capturar*) Kuno então na superfície da Terra, junto com tudo aquilo que se movesse... A opressão declarada tornou-se desnecessária, foi interiorizada — a pior forma de opressão.

[21] Oxford University Press, Oxford, 2014.

sua lógica própria, erradicar os seres humanos da face do planeta tanto quanto a Máquina de Forster elimina uma ampla parcela da população da Terra, com exceção daquela que se colocara desde o início fora de seu alcance.

Na novela, Kuno, a voz do autor, procura confrontar pelo menos a própria mãe com os problemas que começam a materializar-se e despertá-la da sub-missão cega a um sistema na aparência benéfico, por atender aparentemente todos os seus desejos e necessidades superficiais, mas que corre acelerado para a tragédia final. Lendo a história criada por Forster com os olhos e o conhecimento de hoje, é possível nela projetar a parte central das discussões neste momento levantadas sobre as questões éticas implicadas no desenvolvimento tecnológico e no surgimento possível da Inteligência Artificial (IA) ainda neste mesmo século 21, como tudo parece indicar. Essa não é mais uma *questão técnica* (solucionável em alguns anos ou poucas décadas) mas uma *questão cultural*, de valores, o que significa *uma questão ética*. Aparentemente, os objetivos da Máquina de Forster consistem em proporcionar a felicidade humana. Mas a pergunta é se esses objetivos são todos "legais", isto é, inscritos pelo homem no programa da máquina, ou se alguns deles são *clandestinos*, introduzidos na máquina *por ela mesma* (já que a IA é de tal tipo que pode aprender por si mesma, como *learning machine* que é, recriar-se a si mesma, desenvolver por conta própria — por meio do *deep learning*, que lhe permite até mesmo a capacidade da dúvida — projetos que ela entende serem benéficos para o ser humano e para ela mesma). O ser humano prevaleceu na Terra sobre as outras espécies por contar com um cérebro recheado por um conjunto de faculdades *ligeiramente* mais expandido que o de outros animais dele próximos, tornando crível a suposição de que uma IA, com seu conjunto de faculdades *largamente mais amplo* que o dos homens, prevalecerá sobre a humanidade assim como a Máquina de Forster prevalece sobre aqueles a quem deveria servir.

Uma das questões centrais nesse cenário é a dos valores: como definir valores para a Máquina, para a IA, se os próprios humanos são incapazes de chegar a um acordo a respeito de quais os melhores, os mais apropriados? E mesmo que seja possível defini-los, como programar uma IA de modo a *compreendê-los* e implementá-los? O problema não é pequeno. Num exemplo de Nick Bostrom, aparentemente caricato mas pleno de significações, o comando "Faça-nos felizes" dirigido a uma IA pode ser interpretado e implementado de modo que em nada nos faria felizes. Para responder àquele comando, uma IA capaz de interferir na vida humana como a Máquina de Forster o faz, embora na novela seus meios sejam rudimentares, poderia por exemplo congelar no rosto de cada um o sorriso resultante de um estado de tranquilidade e paz — um pouco, acrescento eu, como o sorriso congelado de Mona Lisa apontava, na Renascença, para um estado de bem-estar interior considerado então, como agora, reflexo, resultado e estimulador do bem-estar corporal (o *mens sana in corpore sano* dos latinos ou a *kalokagathia* dos gregos). Não é essa imagem congelada da felicidade, porém, que o ser humano busca mas, sim, a *coisa real* que a suscita. Uma IA poderia também tratar de implantar no cérebro de cada pessoa um chip capaz de estimular a região do cérebro responsável pelas sensações agradáveis passíveis de gerar o estado de bem-estar a que se poderia chamar de felicidade; mas tampouco é a isso que nos referimos e remetemos (não hoje, em todo caso). O fato é que a relação entre inteligência artificial e valores finalísticos é rala e imprecisa tanto para alguém em situação de comando, ou de programação, quanto para um mecanismo ou sistema em situação de implementação desses valores e desse programa. Como registra Bostrom, não é possível supor que todos ou mesmo alguns dos valores finalísticos habitualmente associados com a ideia de *sabedoria* — e que inclui a preocupação com o bem-estar do outro, a busca da ilustração espiritual, a renúncia à aquisição de bens materiais inúteis, o gosto por uma cultura refinada e pelos prazeres simples da vida (o mesmo *bom gosto* que Forster defendia em seu conceito de humanismo e que Kuno procura pôr em prática ao deparar-se com o mundo exterior que lembra o campo da Inglaterra bucólica) —, não é possível supor que possam ser assumidos pela máquina caracterizada como uma IA. A Máquina de Forster aparentemente não é perversa, ela é mesmo capaz de misericórdia, como observa Vashti ao surpreender-se com o fato de que nenhuma medida mais drástica fora tomada contra Kuno após sua captura no mundo exterior. Mas o entendimento do que é bom para aqueles a quem na aparência a Máquina serve acaba conduzindo a um resultado que cabe descrever como *catástrofe existencial*: as pessoas não têm dentes porque, embora a história de Forster não seja clara a respeito, provavelmente não necessitam comer alimentos duros; não têm cabelos porque não necessitam proteger a cabeça contra a inclemência do tempo; não têm músculos porque não necessitam andar ou pegar coisas (o chão se ergue para devolver o Livro a quem o deixou cair, menos na nave aérea demasiado antiga para isso). Outros critérios de beleza humana podem surgir com o passar do tempo e o que nos parece horrível, como pareceu a Forster essa mulher sem corpo definido, sem dentes e sem cabelo, pode transformar-se em novo cânon. Certamente, no entanto, esses seriam padrões que não interessam a quem viveu num tempo anterior; para estes, o tempo da Máquina é o tempo da *catástrofe existencial* marcada pela ausência de sentimentos, de relações pessoais, da noção de tempo[22] e espaço, do toque em outras coisas vivas como a grama e a neblina e a luz do sol e o corpo da pessoa amada.

Aqueles humanos que passaram a viver abrigados e cuidados abaixo da superfície da Terra, como num casulo, cometeram o erro de construir uma máquina *não-amigável* (*unfriendly*, como se diz hoje na linguagem da informática) ou o equívoco de permitir que uma máquina construísse seu próprio desenvolvimento não-amigável. Cometeram o erro de não projetar, *antes* de construir a máquina ou enquanto ela se construía, *medidas de controle*[23] que impedissem a IA de perseguir fins não convenientes à humanidade — e é exatamente esse o problema central enfrentado hoje pela computação. Prevalece neste momento o ponto de vista científico segundo o qual é muito mais difícil definir e implementar esses mecanismos de controle do que lograr a própria realização concreta de uma IA. A Máquina no mundo descrito por Forster parece estar sozinha e imperar sozinha, não há uma outra máquina

[22] Nem tudo é uma catástrofe existencial, mas tudo, na Máquina, é um risco existencial. A ideia de tempo, *do Tempo*, não é explicitamente abordada na novela de Forster, mas estrutura o texto. A menção a um *antes* é clara quando o leitor fica sabendo que pessoas "de antes" (de antes da Máquina) habitavam o mundo exterior e a indicação de uma *passagem do tempo* fica clara na viagem de jovens que seguem para outros lados do mundo a fim de procriar (se procriam é porque alguém morre, apesar dos cuidados médicos automatizados) e na morte da máquina, ela mesma, que provoca a morte dos subterrâneos. Há uma passagem emblemática, central e sugestiva, porém, que quase passa despercebida: o momento em que Kuno, escalando o túnel, abre a tampa e é confrontado com o ar lá de fora que, com barulho tremendo, joga-o contra o chão, arranca sangue de seu nariz e de seus ouvidos. Sim, é o ar lá de fora, o ar *natural* lá de fora. Mas é, antes, outra coisa: é o Tempo. Ao abrir a tampa do túnel, Kuno abre as portas para seu enfrentamento com o tempo, é o tempo que entra por aquela abertura, a Volta do Tempo banido do mundo controlado e a-histórico mantido pela máquina lá embaixo. O tempo lá fora continuou a fluir. Este trecho encontra um eco surpreendente numa ficção do matemático francês Alain Connes, *Le théâtre quantique* (A. Connes et al., Paris, 2013) quando o autor descreve uma emoção que acomete sua personagem: "Esta emergência do tempo foi para mim como uma intrusão, uma fonte de confusão mental, de angústia, de medo, de dissociação". É exatamente como Kuno se sente. Se Alain Connes não leu o conto de Forster, estava muito sintonizado com ele; ou foi Forster quem estava sintonizado, sob a pele, subconscientemente, com questões da física que mal nasciam em 1909. É esse o estado físico e mental de Kuno quando abre a tampa do túnel e deixa que... o tempo, o tempo natural (embora isso não exista) questione o tempo fabricado do mundo subterrâneo. A entrada do Tempo no mundo sob a terra, mesmo que o *dispositivo reparador* vede o buraco em seguida, porém tarde demais, é uma voragem, uma intromissão, um choque: o tempo "verdadeiro" é que vai aniquilar a máquina, esse tempo que é a causa da entropia que enfim a alcança e que é, ele, a própria entropia. Um criador como Forster não tem de prestar contas de suas intuições, mas é fantástico que lhe tenha sido possível perceber vetores essenciais da nova vida humana e "humana" nos *tempos da máquina última*.

[23] Cf. à p. 61 da novela: "E tudo havia sido divino enquanto o ser humano pôde controlar a situação e viver conforme sua essência própria..."

que lhe faça concorrência ou que dispute seus poderes. A situação descrita na novela de Forster corresponde a um dos pesadelos previstos pelos *think tanks* que hoje dedicam-se a pensar o futuro da humanidade: aquele em que *uma* potência, *um* país, *uma* corporação privada ou *um* grupo terrorista consegue uma *vantagem insuperável* na construção de uma IA que, apenas por ter saído na frente, terá a condição de controlar qualquer outra forma de IA que pudesse surgir, num cenário catastrófico que nem mesmo o domínio da energia atômica foi capaz de desenhar e igualar. A Máquina de Forster está sozinha, domina de modo incontrastável, não tem oponentes nem competidores, não se submete a nenhuma ideia de governança, não presta contas. Tolera os humanos, talvez porque não chegou ainda a perceber que são inteiramente dispensáveis. E controla tudo que diga respeito aos humanos, da saúde à economia: é a maior acumuladora de capital da história, a máquina-capital máxima, a última palavra nesse domínio, realmente *the ultimate* invenção: controla todos os meios de produção, todo o capital de conhecimento, toda a riqueza (se essa palavra ainda tiver sentido nesse mundo), dispensa totalmente o trabalho humano como hoje já está sendo dispensado sem que ninguém pareça dar-se conta do suicídio econômico e social implicado. O mundo da máquina de Forster não teve ainda, como observei acima, de enfrentar-se com o problema do envelhecimento e da morte, mas a *ultimate machine* controlará também este aspecto da vida humana: como resolverá o problema de um mundo superpovoado por pessoas que cada vez vivem mais e talvez não tenham de morrer, um mundo sem recursos naturais e sem capital econômico? Pensá-lo aumenta o frio na espinha.

A possibilidade de que o novo mundo controlado pela IA seja semelhante ao mundo representado por Forster é alta. Aquele mundo subterrâneo fictício, ou "fictício", contém com toda evidência inúmeras estruturas complexas, algumas muito mais complexas do que aquelas hoje conhecidas e que são já de uma complexidade tremenda. Mas é habitado por pessoas, se ainda for possível assim denominá-las, sem consciência precisa de como vivem, do que representam e *por que* vivem, e sem uma representação moral de suas próprias condições de existência (e das relações que mantêm com essas condições), uma representação distante daquilo que hoje se conhece (embora essa moral tenha se transformado em artigo cada vez mais escasso, como fica claro no exemplo brasileiro dos recentes anos, com seu tsunami de corrupção "sem partido", quer dizer, universal, e no cenário do terrorismo mundial deste século 21). No mundo de Forster, a mãe não tem nenhuma relação sentimental com aquele a quem deu à luz; o pedido que o filho lhe faz para que vá visitá-lo, ele que é o único a demonstrar algum senso ético ou moral, é um estorvo para a mulher. E não há indícios, nesta narrativa, de que as pessoas se preocupem umas com as outras: quando uma comunicação se estabelece entre elas através da placa de luz azulada ou pelos tubos de comunicação, a única preocupação dos falantes (nunca um termo foi tão apropriado: um falante não é necessariamente um pensante) é saber se o outro "teve alguma ideia ultimamente" ou se gostou da nova comida introduzida no Sistema. Provavelmente quando morrem o chão se encarrega de abrir-se sob o cadáver e removê-lo mecanicamente do quarto para que mais alguém possa ocupá-lo, sem que saiba por que o faz ou que diferença isso faz. Como sugere Nick Bostrom, escrevendo em 2014, essa seria uma "sociedade" (coloco aspas nessa palavra) sem pessoas, uma sociedade sem sócios, sem sociedade; na expressão feliz do sueco, uma Disneylândia sem crianças. Não sei se Bostrom leu *A máquina parou,* mas o modo como se refere a essa sociedade futura é o retrato quase perfeito do mundo subterrâneo de Forster, um mundo feito de pessoas literalmente sem consciência, sem formas de prazer (pelo contrário, tomado pelo tédio: Vashti chama a cama, apaga a luz, dorme, acorda, come, dá uma palestra, ouve uma palestra, chama a cama, apaga a luz, dorme...), um mundo sem humor, sem paixões amorosas, sem arte, sem brincadeiras, sem a prática da conversa outrora prezada, um mundo com literatura e poesia mas uma literatura e uma poesia enlatadas e produzidas (tudo indica) por um algoritmo, um mundo sem noção de amizade, sem espiritualidade (a máquina acabou com a "superstição da religião" — apenas para depois criar a religião de si mesma) e tocado à base de drogas e remédios. A diferença é que Bostrom supõe um mundo em que os humanos, sob o império da superinteligência, trabalharão de modo inconsciente para aumentar em um décimo de ponto percentual alguma produtividade econômica (cujo sentido não se percebe qual possa ser) ou tecnológica (mas a máquina que se reproduz a si mesma não necessitará disso); no mundo de Forster, nem trabalho há.[24]

---

[24] Tudo que fazem as pessoas é conectar-se à proto-internet imaginada por Forster, por elas usada para "comunicar-se", assistir *cinematófoto,* ouvir música... Um mundo fechado inteiramente dentro da própria cabeça espelhada no dispositivo. Apavorante. Aqui no mundo de 2015, os efeitos da internet são já visíveis. Um artigo de Tony Schwartz no *The New York Times* (28 de novembro de 2015) usa uma expressão cuja força se revela a cada dia: "viciados em distração". O autor é um executivo de uma firma de consultoria que percebeu em si mesmo os sinais dessa dependência bem real, a dependência da internet. Percebeu como passava horas na internet não apenas respondendo e-mails desnecessários como também simplesmente "verificando o tráfico de mensagens" ou comprando pequenas coisas inúteis ou clicando sobre manchetes de sites de notícias sobre as quais já se informara várias vezes ao longo do dia ou sobre fotos atraentes mas sem qualquer conteúdo real. Resultado

O mundo de Forster, se for possível dizê-lo, tem sorte (pelo menos a têm os que viviam "lá fora"): por algum motivo desconhecido, a Máquina deixa de funcionar e não mais consegue regenerar-se.[25] Aqui, neste mundo real (ou "real") do século 21, a sorte da humanidade pode não ser a mesma. Alguns pesquisadores, Stephen Hawking por exemplo, não hesitam em sugerir que a única alternativa decente à criação da IA é a manutenção desse gênio (isto é, a IA) permanentemente dentro da garrafa, preso dentro da lâmpada, sem chance de sair (em outras palavras, a solução seria *não* criar a IA, *não ter criado* a IA), a menos que seja possível injetar-lhe os valores apropriados, algo que ninguém sabe, neste momento, como fazer (ou quais são esses valores, neste mundo tomado pelo relativismo cultural). O problema é que a lâmpada de Aladim já existe e o gênio já está dentro dela — e qualquer um pode a qualquer momento tirar a tampa e soltá-lo. A mãe de Kuno sabe disso quando diz, no fim da vida ao lado do filho igualmente moribundo, que algum idiota aparecerá para ligar a Máquina outra vez. Sempre haverá um idiota para fazê-lo, para soltar o gênio — movido por objetivos criminosos, como o são os ditadores de todas as cores ideológicas à esquerda e à direta, ou por simples curiosidade científica ou "científica". Mesmo que o gênio fique indefinida ou temporariamente aprisionado dentro da garrafa, tudo indica que haverá pelo menos um mundo de transição muito longe de apresentar-se como ameno ou acolhedor.

imediato da dependência, ele constatou, é a perda da capacidade de focar a atenção em qualquer assunto sério: abria um livro e percebia (sorte sua se podia percebê-lo) que lia e voltava a ler várias vezes a mesma passagem e a mesma página, sem entender seu conteúdo. As palestras no mundo de Forster duravam 10 minutos, as palestras TED, 18 minutos neste mundo real cada vez mais surreal. Não há atenção humana para mais do que isso. (A ilustração do artigo no *Times* é muito expressiva: uma foto toda fragmentada de uma ou mais pessoas cujos pedaços se dispõem lado a lado e se sobrepõem como num quebra-cabeça cujas peças foram embaralhadas e que quase deixam ver uma imagem coerente que no entanto não se forma...). O que é louvado como esforço para deixar de lado tudo que não for essencial é de fato um movimento em favor da *desatenção acelerada*. Os desempregados neste mundo de um capitalismo cada vez mais selvagem, que a esquerda não só foi incapaz de corrigir como acelerou, aos quais postar-se diante da internet dá uma impressão de ocupação capaz de preencher o dia, são os primeiros a sucumbir ao vício experimentado como necessário — como todo vício. E não apenas os desempregados e não só os mais fracos entregam-se à prática. Uma ditadura *soft*, por enquanto, instala-se. Talvez as ditaduras não mais precisem ser brutais.
[25] A humanidade (se cabe esse termo) do mundo subterrâneo de Forster não se apresenta num estado de interregno, que é como Zygmunt Bauman designa a condição em que uma sociedade perdeu ou abandonou seus valores anteriores e não conseguiu ainda dar-se novos valores. Em outras palavras, o mundo de Forster não está *em crise* (o único em crise, em estado de optar por um outro caminho, é Kuno); estava bem e de repente acaba-se. (Tão repentinamente, tão "sem o menor aviso prévio, sem qualquer indício de fraqueza anterior", escreve Forster à p. 58, assim como se imagina que um dia possa acabar tudo na Terra se o controle centralizado de tudo sofrer uma pane. Tão repentinamente como caiu o Muro de Berlim e, em seguida, a União Soviética.) E nem quem estava em crise, nem quem não estava, salva-se: nessa condição ideal o novo (ou o velho...) pode instalar-se por meio das pessoas *lá de fora*, as que estavam fora do sistema, não manchadas por ele.

A questão que a história de Forster levanta de modo apenas indireto, mas que algumas pessoas já se fazem hoje de maneira explícita (sem muito sucesso, como mostra a falência iminente ou provável do projeto de sustentabilidade do mundo), é como fazer com que uma IA, uma superinteligência, faça aquilo que desejamos que faça. Problema sério, uma vez que sequer sabemos bem o que nós mesmos queremos. E é ainda mais árduo responder a essas perguntas na medida em que elas são e serão feitas num contexto nada familiar, de fato inédito na história, repleto de incógnitas não resolvidas, em que quase tudo escapa ao controle do homem. Pelo contrário, a ideia e a convocação que se faz à humanidade neste momento do século 21 é que ela permaneça, em primeira e última instância, senhora de seu destino. Somos muitos a não aceitar um futuro em que, como no mundo de Forster, uma superinteligência vigia-nos e cuida de nós sob todos os aspectos, o tempo todo, nos termos de um plano geral definido num software implantado nessa máquina ou que ela mesma definiu para si.[26] E não o aceitaríamos mesmo se essa inteligência anunciar-se como benévola e servil. Ocorre que podemos ser muitos a desejá-lo mas não somos todos, nem sequer a maioria, essa maioria que ao longo da história sempre procurou por *paizinhos* de diferentes espécies, maiores ou menores, logo transformados em ditadores ou, no mínimo, em coveiros acidentais da sociedade. E não se trata apenas deles: cientistas excessivamente curiosos com os desenvolvimentos de suas descobertas, tão inocentes como os propositores da bomba atômica, incluem-se nessa lista. Alguns deles, prestigiados por títulos acadêmicos mas com interesses econômicos claros e declarados naquilo mesmo que inventam, fazem e defendem, não se cansam de promover a positividade da IA que se aproxima. O pessimismo diante das propostas do *progresso* pode cativar públicos intelectualizados ou desinformados; mas é o otimismo inocente ou mal-intencionado que, no fim do dia, fatura alto e se impõe.

Os horizontes mostram-se cinzentos. Especialistas sugerem, com força, que a pergunta não é *se* uma IA *superinteligente* pode ser criada mas, sim, *quando* será. Nessa perspectiva, não são poucos os que desejam que o surgimento dessa IA aumentada se faça o mais distante possível no tempo, dando à humanidade um período de adaptação e de correção de seus próprios rumos de modo que evite o risco existencial. Infelizmente, são poucos os que acreditam que essa

---

[26] Sem essa sofisticação digital, e aparentemente em nome da racionalidade econômica (menos custos para a sociedade e, claro, para ele mesmo) o Estado já controla boa parte da vida humana, da alimentação à saúde passando pelo comportamento na condução de veículos e tantos outros. Tudo em nome de um bom senso, cada vez menos questionável.

alternativa tenha alguma chance de concretizar-se. Kuno acreditava nela: prestes a morrer, sua mãe diz que sempre haverá um idiota para religar a Máquina e Kuno diz que não, que a humanidade aprendeu a lição.

Não há indícios desse aprendizado no mundo real. Retornando a Chesterton, os *progressistas* a que se referia o criador do detetive-padre Brown, responsáveis por uma série infindável de desastres, eram simplesmente os defensores do progresso material, científico e tecnológico tal como a modernidade o entendeu, embora pudessem ser também os progressistas em sentido ideológico, esses fundamentalistas que acreditaram deter a chave autoritária da felicidade humana e que continuam a acreditar nisso por cima dos desastres e das carnificinas que essa mesma crença já promoveu e promove. Ao lado deles, os *conservadores* continuam evitando a correção dos erros cometidos, como se vê claramente em mais de um cenário armado pelos estertores da natureza. Voltar atrás e dispensar a máquina, a possibilidade da IA, não tem sentido nem fundamento; continuar a desenvolvê-la com as condições atuais parece uma aposta completamente equivocada, numa situação mais dramática do que a pintada na história de Forster. A *cultura da catástrofe existencial* já foi colocada em posição e acionada. Já existe, já opera, alimentada de modo especial pela recusa de levar-se em conta, tanto nos programas de política cultural como na educação, a questão dos valores. Seria bom pensar desde já numa correção imediata de rumo, fundada num humanismo revisto e ampliado, uma vez que não haverá, à mão, um autor romântico, como Forster, para reescrever a realidade e abrir alguma válvula de escape como aquela que, inútil e tardiamente, jogou Kuno no mundo exterior ainda natural e algo acolhedor mesmo se combalido.

Dezembro 2015

* * *

Inúmeros aspectos perturbadores da Inteligência Artificial hoje já solidamente enraizada por toda parte, da aviação mais sofisticada ao mais modesto escritório armado na residência de um professor primário e ao telefone portátil que está criando raízes nas mãos de bilhões de pessoas espalhadas pelo mundo e para elas funcionando com um segundo cérebro prestes a declarar supérfluo aquele que carregam entre as orelhas, foram previstos ou imaginados nesta inquietante e surpreendente novela de E. M. Forster. Inquietante, surpreendente e relegada. Quando se abre uma página da Internet, versão aumentada da *tableta* que Kuno rejeita em favor do contato direto com a mãe, os livros de Forster colocados em evidência são aqueles que o cinema convencional já descobriu e que os leitores acostumaram-se a frequentar: *A Passage to India, Howards End, A Room with a View, The Longest Journey*. Mesmo a página da muito mais confiável Britannica prefere percorrer a trilha batida desses romances e deixar *A máquina parou* (*The Machine Stops*) fora de vista. E quando essa novela é mencionada em alguma crônica marginal mais difícil de localizar, o que se lê é um juízo crítico que a coloca como obra literariamente menor do autor. Como se seu poder, não só tecnologicamente premonitório e imaginativo mas também social e humanamente agudo, passasse completamente despercebido. *A máquina parou* é uma dessas construções que não se pode considerar apenas do ponto de vista da literatura formalmente literária, aspecto necessário mas nem sempre suficiente, e que pede para ser entendida como literatura humanista, dimensão sempre privilegiada por Forster. Não poderia ser diferente para um escritor que, como ele, integrou o merecidamente reconhecido e elogiado Bloomsbury Group, um *club* de intelectuais, bem ao estilo do que gostam ou gostavam os ingleses, dos mais profícuos e eminentes da cultura do período na grande ilha, que agora pretende navegar sozinha, clube cujas origens se encontram na criação do Clube da Sexta-Feira (Friday Club) por Virginia Woolf, em 1905, quatro anos antes da publicação de *A máquina parou*, e das reuniões das Noites de Quinta (Thursday Evenings) animadas por Thoby Stephen, irmão de Virginia, morto precocemente em 1906. Entre seus membros do Bloomsbury, estavam John Maynard Keynes, central na história da economia e da política desse mesmo século 20, Vanessa Bell, pintora; o crítico Clive Bell; o escritor "Fabiano" Leonard Woolf, marido de Virginia e expoente do movimento socialista de mesmo nome que defendia um socialismo democrático, reformista e gradualista em oposição à cartilha revolucionária; e, na literatura, além da própria Virginia e de Forster, estavam Mary MacCarthy e Vita Sackville-West, poeta e paisagista. Um leque de temas cruciais para a época, e para hoje, constituíam o programa regular de conversas do grupo, em seguida transformadas em livros e teorias: conversas e debates sobre literatura, por certo, mas também sobre crítica, estética, economia e tópicos originais para a época como o feminismo, o pacifismo e a sexualidade que somente algumas décadas depois seriam reconhecidos como protagonistas centrais de um pensamento liberador a emergir com força nos anos 1960 sob a denominação de "estudos culturais", na mesma Inglaterra, na França, nos EUA e um pouco por toda parte. Literatura era um tema forte do grupo mas humanismo e sociedade também, e desse cenário ampliado Forster era um dos principais e mais ativos atores.

Nos embates culturais de uma Inglaterra, e em particular de uma Londres, que se libertava dos formalismos da era vitoriana, Forster aderiu aos valores em circulação no grupo e em seu próprio espírito: *seriedade, confiabilidade, sensibilidade* e, com lugar especial, *as ligações entre a humanidade e a terra* ou, como hoje se diz, entre a humanidade e a natureza, *baseadas na capacidade da imaginação*, i.e., da imaginação de novas formas de estar no mundo. Sem falar, claro, no respeito ao indivíduo e na recusa absoluta aos totalitarismos todos que sua época conheceria ao redor da Inglaterra se não nela mesma: durante a Segunda Guerra Mundial, Forster tornou-se conhecido por essa posição firme na defesa dos ideais liberais — não aqueles hoje torpemente mal-entendidos e, sim, os que, pelo contrário, representavam e representam os vetores em nome dos quais se combateu o nazismo e o fascismo em todas suas cores ideológicas: liberdade de expressão do pensamento, de imprensa, de religião, direitos civis (antes mesmo da declaração dos Direitos Humanos em 1948 e dos Direitos Culturais em 1966), democracia nas mãos de governos seculares, igualdade entre os sexos, autodeterminação quanto ao que fazer com o próprio corpo. É exatamente a reconciliação entre a humanidade e a natureza que se propõe ao longo de toda a novela *A máquina parou* e em seu final, aliada à desconfiança em relação à máquina e à capacidade da humanidade de servir-se dela para seu desenvolvimento em vez de usá-la como alavanca de destruição de si mesma. Forster escreveu *A máquina* antes da Primeira Guerra Mundial e teve o infortúnio de ver, por duas vezes num período de 20 anos, como seus temores eram sólidos.

E foram esses valores e temores que lhe permitiram acionar um outro valor seu, *a imaginação*, para redigir esta pequena joia de criatividade que é *A máquina*. Sem desmerecê-los, seus outros romances mais famosos foram todos baseados na realidade mais direta e aberta diante de seus olhos: *A Passage to India*, retirado de suas experiências *in loco; Maurice*, derivado das questões e problemas de sua própria sexualidade. Mas para compor essa pequena cantata que é *A máquina* ele teve de deixar de olhar para o que, em seu momento, *era* ou *deveria ser* e imaginar o que *poderia ser*, poderia *vir a ser*. Com *A máquina*, o pensamento abdutivo, não mais apenas os habituais indutivo e o dedutivo, entrou em cena com toda sua força criativa. A crítica literária é não raro hilária (e a rima, de início não buscada, foi rapidamente percebida e aqui adotada): os rótulos que alguma crítica cola na testa de Forster são três: realismo, simbolismo e modernismo. Este último não diz muita coisa ou nada. O "simbolismo" aparece de vez em quando na forma mais presente do "psicologismo" de seus romances — mesmo se os poucos que se dignaram ler *A máquina* tenham preferido vê-la como "simbolista". E o "realismo", até um leitor menos avisado percebe à leitura de suas outras obras. Como *A máquina* não aceita nenhum desses rótulos, melhor e mais fácil bani-la de cena, vê-la como *repouso do guerreiro*, momento de *divertissement* na "carreira" de um escritor sério. Nem criticado foi por "imaginar demais" ou por opor-se à modernidade, mesmo se sua suspeita em relação à máquina fosse uma sensibilidade de fato mais próxima do século 19 e dos ludditas — momento do qual estava ainda muito próximo, 1909, data de nascimento da *Máquina*: sensibilidades não se alteram com a mudança de uma página do calendário. Essa sensibilidade, de resto, Forster compartilhava com as melhores cabeças criativas do século que o viu nascer. Tampouco o criticaram pelo sinal contrário, quer dizer, o de ter sido pouco imaginativo em relação ao que previa: não tinham como fazê-lo, muito menos como sabê-lo.

O oposto é o verdadeiro: Forster imaginou tudo, extrapolou com justeza e precisão. Não poderia antecipar todos os detalhes e derivações, naquele momento, mas imaginou todos os principais vetores do futuro com a máquina: a degradação da Terra e a imperiosidade de buscar refúgio em seu interior; a comunicação instantânea por som & imagem; a automação generalizada da vida; o definhamento do corpo e, com ele, do intelecto ou do espírito, como se preferir (pensa-se pelo corpo, aprende-se pelo corpo, sem o corpo — para este tipo de humanidade atual — nada existe); a navegação confortável pelos céus minimizando as distâncias; a ideia de um Estado que se ocuparia das crianças por pretender saber o que para elas (e sobretudo para ele mesmo, óbvio) era melhor (e isso, antes da revolução comunista e seu delírio de um Estado onipresente e onipotente que criaria o "homem novo" por meio do sistema de estacionar as crianças desde cedo num educandário orientado pelo Partido, num processo que em seguida seria reconhecido como "lavagem cerebral"); a uniformização da paisagem urbana por toda parte num momento em que a palavra *globalização* não era sequer sonhada; a inutilidade absoluta do ser humano que mais nada faz e nada produz a não ser um conhecimento *fake*, para ceder a essa palavra ora asquerosa privilegiada por um presidente que não o é menos —, ser humano do qual a máquina ainda não se descartou talvez por descuido ou, quem sabe, por ter percebido que dele ainda necessitava para dar um significado à sua própria "vida", mantendo-o em jaulas; e sobretudo o controle total de todos que ali vicejavam, ilustrado no episódio da escapada frustrada de Kuno, alcançado por um tentáculo do Dispositivo Reparador que, nessa mesma intervenção, mata aquela que poderia ser a heroína de Kuno (mas o romântico Forster, outro rótulo que lhe atribuem não sem razão, não cede a esse chavão mesmo que não deixe de crer, ao final, que ainda havia uma humanidade capaz de resgatar a vida na Terra). A ideia desse Dispositivo (o termo atual mais equivalente é *algoritmo*) é a mola mestra da *Máquina*, um aparato que preserva e também aniquila — exatamente o que se diz da Inteligência Artificial de agora. O termo *dispositivo* não é de Forster, é meu e o proponho como atualização semântica e histórica de uma palavra, "aparato", comum naquela pré-história da civilização tecnológica. Na história recente do pensamento, quem utilizou "dispositivo" com clara intencionalidade foi Michel Foucault (já estava embutido na sua *História da loucura*, que traduzi para o português, outra obra sua relevante para a atualidade) sem dele jamais ter dado uma definição precisa, no máximo uma *descrição* como a fornecida a um jornalista numa entrevista de 1977 na qual apresenta o dispositivo como um conjunto heterogêneo a incluir discursos, instituições, estruturas arquitetônicas (como as do panopticum, do qual o mundo da Máquina é uma versão), regulamentos, leis, medidas administrativas, enunciados científicos, proposições morais e filosóficas, coisas que são ditas e outras que restam não ditas, um conjunto com funções estratégicas que responde a uma urgência e que por isso implica numa relação de forças que ou tudo orienta para uma certa direção ou tudo bloqueia. Algo enormemente complexo que nem sempre é gerado intencional e conscientemente mas que resulta de um acúmulo, orgânico ou em seguida orientado, de ajustes de camadas ou *stacks* sociais e tecnológicas com vida relativamente própria a partir de um determinado estágio. Exatamente aquilo que é "a máquina", a tudo orientar para uma dada direção ao mesmo tempo que bloqueia todo o resto ou, simplesmente, *tudo* — mediante um controle absoluto do tipo "fora daqui não há salvação", "fora da máquina não há salvação", mais classicamente, *extra Ecclesiam nulla salus*, fora da Igreja não há salvação, como repete obsedado o personagem principal do *8½* de Fellini cercado pela memória e pela imaginação da religião. A mesma religião que a Máquina de Forster procurou abolir tal como gostaria de aboli-la o Forster adepto de um sistema de governo definido pela república secular, abolição que o Forster realista (aqui sim) imaginou difícil de implementar e que ao final de sua novela realisticamente volta a imperar entre os adoradores do Livro maquínico. Difícil explicar as origens e os modos de operação do dispositivo, difícil apreendê-lo e, mais ainda, desmontá-lo. Algum dos raros comentaristas de *A máquina parou* terá criticado a pouca explicação sobre as origens da Máquina descrita por Forster, seu início abrupto, sua ausência de comentários explicadores, acostumado que estava esse crítico à dissecação psicológica e social dos personagens apresentados nos outros romances do autor. Forster percebeu que aquilo que retratava em sua novela era um *dispositivo*, impermeável às análises psicológicas clássicas, como as de Freud mas também impermeável às leituras do marxismo e outros instrumentos baseados na visão de um mundo polarizado entre opressores e oprimidos (os moradores da Máquina aceitam-na de bom grado, não a veem como opressão — salvo Kuno, o herói da narrativa). Forster entendeu esse traço da Máquina e com ele operou: o resultado não é nenhuma literatura "com bandeira", nenhuma facilitação, nenhum reducionismo mesmo que sugira no final a possibilidade de um desenlace romântico, otimista.

O controle do mundo pela Máquina de Forster é amplo, quase total (sua falha visível é não conseguir recompor-se a si mesma), mas não tão absoluto e sutil quanto aquele agora constatado nas máquinas inteligentes geradas por humanos não tão inteligentes assim (Stephen Hawking, há pouco falecido, insistiu sempre que a Inteligência Artificial é o pior invento da civilização, capaz de destruí-la por completo: advertência a considerar com seriedade). A Amazon patenteou há pouco uma pulseira que rastreia os movimentos da mão dos trabalhadores e aciona vibrações no braço que os impelem a ser mais eficientes; outra empresa, Humanyze (os novos tecnocratas devem ter um senso de humor perfeitamente cínico), patenteou um crachá que rastreia os empregados de uma companhia (poderiam ser alunos de uma universidade, todos os moradores de uma cidade) e mostra como interagem com os colegas; o Google — que recolhe e armazena (e com eles faz o uso que bem entender) todos nossos dados pessoais embutidos nos e-mails, nas consultas à internet, nas mensagens trocadas por WhatsApp e toda a parafernália de celulares, iPads e computadores — constituiu um arsenal de informações capaz de conhecer e revelar tudo que fizemos e desejamos e acessamos e todos nossos deslocamentos ao longo de uma longa linha do tempo.[27] Sendo enorme, isso ainda é pouco: algoritmos estão sendo empregados para sentenciar condenados pela justiça de um modo "mais objetivo" do que o podem fazer juízes humanos; e sugere-se que algoritmos também possam garantir tratamento igual a sexos e raças diferentes (só que seus programadores não revelam o que há dentro da caixa negra que é o algoritmo; de resto, nem sempre sabem o que ali puseram ou como aquilo que ali puseram em seguida se transformou...). "Leis da algorítmica", a exemplo das "leis da robótica" de Isaac Asimov (formuladas em 1942 em seu conto "Runaround", incluído em *I, robot*) começam a esboçar uma formulação: 1) programas até poderão ser licenciados para detectar o uso do tempo dos trabalhadores mas seus patrões só poderão receber dados agregados desse uso, sem identificação dos nomes individuais; 2) o uso da IA deve ser transparente (como?), significando que as pessoas, e não só os trabalhadores de uma empresa, devam saber quais tecnologias estão sendo usada sobre elas e contra elas; 3) algoritmos devem ser testados (como?) para verificar se incluem preconceitos (políticos, sexuais, de crenças etc.); 4) os Estados deveriam entregar, a quem que os solicite, todos os dados sobre o requerente.[28] As leis de Asimov são três, estas aqui já são quatro mas nem por serem quatro (algumas bem ingênuas) têm possibilidades de serem postas em prática, no estado de coisas atual em que Facebook vende ao primeiro, que lhe pagar alguns milhões, os dados por ela estocados, entendendo que não deve satisfação a quem quer que seja: afinal, não se trata de *proprietary data*, e os proprietários são eles, do Facebook? Um artigo do *The Economist* em sua edição de 31 de março de 2018, listando as supostas vantagens e as claras desvantagens da IA, conclui-se dizendo, em outras palavras, que a solução reside, primeiro, na vontade das pessoas de adaptarem-se à tecnologia e adaptarem a tecnologia a elas (o que pode significar, cinicamente, a simples rendição ao princípio de realidade) e, segundo, numa "forte dose de humanidade". Pois humanidade real, concreta e criativa é o que exibe Forster nesta novela — encenação criativa sem palavras difíceis e própria de uma inteligência emocional — da realidade tecnológica já hoje existente e que acua crescentemente essa mesma humanidade. Forster não coloca no proscênio da humanidade apenas isso: joga toda a luz dos spots

[27] Se quiser saber o que Google armazenou sobre você, acesse <google.com/maps/timeline>. Ou leia a matéria "Are you ready? Here is all the data Facebook and Google have on you", por Dylan Curran, publicada no jornal inglês *The Guardian* de 30 de março de 2018.
[28] Durante a mais recente ditadura militar no Brasil, o DOPS – Departamento de Ordem Política e Social, colhia e armazenava informações sobre pessoas "suspeitas", que não tinham acesso aos dados e, portanto, não podiam contestar o que sobre elas constava. Os tempos são outros mas o sistema de vigilância continua o mesmo — apenas muito mais sofisticado.

disponíveis sobre *o valor e o poder da literatura*, da criação, da imaginação. A IA já escreve: se os textos resultantes demonstrarem-se tão bons quanto esta *Máquina* feita pela mão humana, o novo homem maquínico não terá do que reclamar — caso se adapte, isto é, à nova tecnologia assim como os habitantes do mundo subterrâneo de Forster o fizeram. Mas para esta humanidade atual que conhecemos, a literatura feita pela sensibilidade e pela imaginação humanas continua um valor central sem equivalente.

Março de 2018

AFIRMAR OS DIREITOS CULTURAIS | Comentários à Declaração de Friburgo
Patrice Meyer Bisch e Mylène Bidault

ARTE E MERCADO
Xavier Greffe

A CULTURA PELA CIDADE
Teixeira Coelho (Org.)

CULTURA E ECONOMIA
Paul Tolila

CULTURA E EDUCAÇÃO
Teixeira Coelho

CULTURA E ESTADO | A política cultural na França 1955-2005
Geneviève Gentil e Philippe Poirrier

A CULTURA E SEU CONTRÁRIO
Teixeira Coelho

COM O CÉREBRO NA MÃO | No século que gosta de si mesmo
Teixeira Coelho

A ECONOMIA ARTISTICAMENTE CRIATIVA | Arte, mercado, sociedade
Xavier Greffe

IDENTIDADE E VIOLÊNCIA | A ilusão do destino
Amartya Sen

LEITORES, ESPECTADORES E INTERNAUTAS
Néstor García Canclini

O LUGAR DO PÚBLICO | Sobre o uso de estudos e pesquisas pelos museus
Jacqueline Eidelman, Mélanie Roustan, Bernardette Goldstein

MEDO AO PEQUENO NÚMERO | Ensaio sobre a geografia da raiva
Arjun Appadurai

AS METRÓPOLES REGIONAIS E A CULTURA | O caso francês 1945-2000
Frannnoise Taliano - Des Garets

A REPÚBLICA DOS BONS SENTIMENTOS
Michel Maffesoli

SATURAÇÃO
Michel Maffesoli

CADASTRO
ILUMI⚡URAS

Para receber informações
sobre nossos lançamentos e
promoções, envie e-mail para:

cadastro@iluminuras.com.br

Este livro foi composto em *The serif* pela *Iluminuras* e terminou
de ser impresso em outubro de 2018 nas oficinas da *Paym Gráfica*,
em São Paulo, SP, em papel off-white 70g.